博弈：反垄断与传媒集中

Boyi:Fanlongduan Yu Chuanmei Jizhong

王　海 ◎著

暨南大学出版社
JINAN UNIVERSITY PRESS
中国·广州

目 录

序　言

《博弈：反垄断与传媒集中》以反垄断背景下的美国传媒集中化为主线，从经济学、传媒史、法学和媒介文化分析的多重视角，对以美国为代表的西方商业化传媒产业集中的内在动因、发展态势与制约因素，以及政府管制手段、管制逻辑的沿革与变迁进行分析，力求探寻纷繁复杂的传媒并购史背后的深层驱动力量，梳理传媒产业集中化发展的内在逻辑，以期为我国目前的传媒产业化和政府媒介管理政策的变革提供镜鉴。

所谓“传媒集中化”，就狭义而言，是指传媒集团横向或纵向的一体化并购；就广义而言，则是指传媒集团实施全球化、本土化、横向或纵向并购、战略联盟、整合等不同的发展战略而实现规模经济的集中化发展。

“垄断”，是指销售者借助于产品的差异性或市场的进入壁垒或其自身对于市场的操纵力，从而对产品价格的制定享有某种控制力。与竞争性企业相比，垄断者可以通过调整向市场供给的产量来改变产品的价格，往往收取高于边际成本的价格，从而损害消费者的利益。而且，垄断定价使一些有益于双方的交易无法进行，进而产生“无谓损失”。这种损失使整个“经济蛋糕”缩小了，垄断者生产的产量小于社会合意的产量，社会资源配置的效率由此降低了。

本书的所谓“反垄断”，是指政府借助于法律、法规、政策、规章等手段来调控传媒市场结构，防止少数传媒组织借助市场垄断力量损害公众利益，妨碍传媒公共职能的履行，同时设置相应的管理机构来确保法律法规的落实并对其进行监督。在美国，政府对传媒垄断的控制主要是通过反垄断法和联邦通讯委员会的传媒规制措施来实现的。

一部传媒经济发展史，从某种意义上说就是一部传媒企业并购史与传媒产业集中史。当今实力雄厚的几大传媒集团都是通过历次兼并和不断收购而逐步集中形成的。20 世纪 90 年代以来，传媒领域的兼并和收购浪潮此起彼伏，规模和金额都是前所未有的，美国在线与时代华纳换股，通过资本纽带实现传统媒体与数字媒体的联姻，更被视为传媒产业发展史上一次划时代的事件。

在传媒产业的集中化进程中，机遇与风险并存。大规模的并购引发内部协调、整合成本提高，导致规模不经济；传媒集团的组织结构、市场结构、收入结构等结构性因素失衡也可能给集团带来损失；企业利用财务杠杆进行并购时，杠杆比例失当也可能引发无法偿还债务的风险和资金链断裂的风险。

剖析反垄断背景下美国传媒的集中化，离不开对美国整个传媒业宏观产业环境变迁的总体把握。美国传媒业的每一次兼并和收购浪潮都伴随着传媒集团与联邦通讯委员会之间的博弈，但是，在“政策性规定”与“对策性博弈”的表象之下，技术的变革及其深层影响才是背后的主导和决定力量。在数字技术日益成为整合不同媒介形态的核心平台的技术变革浪潮下，集团的信息共享水平与信息衍生产品开发无疑可以降低产品的开发、生产与传播成本，从而在更大范围内实现规模经济与范围经济，这是引发大规模并购浪潮的根本原动力；而美国反垄断法的“弹性”和政府规制的逐步放松，则是传媒并购高潮迭起的外部环境因素。

跨越国界和不同媒体形态的大型传媒集团既是传媒产业发展内在逻辑产生的必然结果，又是传媒领域技术、受众、政府、传播市场等之间相互关联与矛盾的集中承载者与体现者。大型传媒集团出现并活跃于世界传播舞台，话语权日益增强，不仅改写着传播市场的结构，更以其“对策性”行为迫使政府的反垄断法及政府规制依据技术变动趋势和传媒产业内在逻辑不断作出调整。

作为一项集“经济基础”与“上层建筑”特点于一身的特殊领域，传媒产品内在的两大属性——公共产品属性与商品属性之间的矛盾是政府进行传媒规制的逻辑起点。现代传媒因为日益成为社会文化的传播者、社会认同的塑造者、社会冲突的调解者和社会结构的整合者，所以在社会生活中扮演着重要角色。因其广泛的公共影响，传媒产品先天具有“公共产品”的特征，频谱资源的稀缺性也决定了传播业所起用的资源具有“公共资源”特征；与此同时，在美国，传媒“公共职能”的实现和履行是“产权私有”的传媒企业经由“产业化竞争”路线而实现的，商业利益对于公共利益的排挤不可避免地产生了政府规制，以校正市场失灵并确保传媒公共职能履行的客观需求。

在舆论压力和受众的“稀缺”注意力资源的制约下，为增强市场渗透力，在市场趋向集中化的同时，传媒组织也倾向于对传媒市场进行细分，按照一定的分类标准把进入的市场划分为若干供给与需求相近的子市场，根据不同受众群体的地理环境、人口统计、消费心理、文化背景和媒介行为等来制作相似但不相同的文化产品，“全球化战略”与“本土化战略”并行。传媒集中化反而在一定程度上有助于传媒集团发挥规模经济与范围经济优势，从而提升市场效率，更好地服务于消费者。这反过来又进一步促使政府规制的放松。

但在政府规制的指导思想上，有四个方面的理念转换最终促成了规制逻辑的转换：①反垄断法由法律进路（垄断定价的财富再分配效应）转移到经济学进路（强调资源的配置效用）上来；②传媒集中与传媒垄断概念的区别；③市场的失灵与政府校正的失灵；④伴随美国传媒业的全球扩张，“国家利益”压倒“公众利益”成为影响决策的重要力量。

上述理念转换使“社会达尔文主义”成为主导规制的思想，反垄断政策也有了新的标准，其目的在于促进竞争效率，从而使消费者福利最大化。因此，兼并整合、集中市场结构的行为越来越被推崇，法律旨在保护竞争，而不是干预竞争。联邦通讯委员会开始了规制思想的转型，其强调的传媒业具有独特的社会和政治影响力的思维逐渐被经济影响力思维所取代。

传媒的集中化带来了多方面的社会影响。美国凭借其经济优势在全世界范围内兜售其文化，媒体传播的全球化导致全球文化的趋同化，大型传媒集团成为发达国家实施全球扩张战略的工具，保护传媒民主价值观的传统方式不再适用，美国国内的公众利益与多元文化让位于美国全球扩张的国家利益，“一个世界，多种声音”的理想蓝图在以“工业化复制”为特色的美国通俗文化的全球传播影响之下黯然失色。商业利益的侵袭改写了传统的国家—传媒—公众之间的关系，公共领域里传媒的政治角色及功能受到人们的极大关注，其中以哈贝马斯的批判理论影响力最大。

在经济全球化和各国政府管制放松的大背景下，美国传媒集团实施传媒经济全球化的战略，积极在全球渗透和扩张，市场潜力巨大的中国自然对其具有强大的吸引力。几大传媒集团纷纷采用收购、控股、参股或者合资、合伙成立公司或交换节目以及品牌特许，乃至直接进入的方式对中国市场进行渗透，使中国传媒业的发展面临严峻挑战。

为适应信息时代和全球化时代的经济发展趋势，应对外国传媒集团的冲击，我国传媒业正在进行相应的策略调整，一是采取先试点后推广的渐进式方式从影视、书报刊分销等领域对外开放传媒市场；二是在传媒经济发达地区试点组建若干大型传媒集团，实施产业集中化发展战略，以整合媒介资源、提高管理水平、增强我国传媒集团在国际上的竞争力，同时提升舆论宣传的导向作用。

但是，我国传媒集团的集团化是以行政关系为架构组建而成的，产业集中带来的新型垄断反而阻碍了市场机制在资源配置中的效用发挥。行政垄断下的产权不明晰和人为造就的市场垄断导致缺乏效率的市场机制，以及资源配置与产业结构的不合理，都是困扰我国当前传媒业集中的深层问题，有赖于政府在新一轮的传媒规则调整中，既立足本国国情，又广泛参照国外产业发展趋势，摸索出一条具有中国特色的传媒管理与改革之路。

本书是在笔者博士论文《反垄断背景下美国传媒的集中化研究》基础上修改和补充完成的。这里，我由衷地感谢导师程曼丽教授。老师严谨的治学、渊博的学识、雅致的气质和博大的胸怀永远激励着我不断前行。

感谢暨南大学出版社张仲玲女士对于本书出版所做的努力和支持。鉴于本书内容涉及几个学科领域，个中不足在所难免。恳请读者和专业人士批评指正。

王　海
广州白云山麓广东外语外贸大学
2009 年 4 月

第一章 总论

一部传媒经济发展史，从某种意义上说就是一部传媒企业并购史与传媒产业集中史。当今实力雄厚的几大传媒集团都是通过历次兼并和收购而逐步集中形成的。

美国第一次兼并和收购浪潮发生在19世纪末到20世纪初，为了扩大对市场的占有和垄断，许多大型公司对同类企业进行横向兼并，其中最经典的是J. P. 摩根对美国钢铁大王卡耐基钢铁公司的收购（1879年美孚石油公司即美国石油业第一个托拉斯的建立，标志着第一次兼并和收购浪潮的开始）。同期，美国报业开始横向收购，形成了普利策报团、赫斯特报团和斯克里普斯报团等报业集团。

第二次兼并和收购浪潮发生在20世纪20年代末，是大规模的纵向兼并。当时美国传媒市场呈现的趋势是，金融资本集团插手报业，购买报业组织，控制舆论，对所属财团进行政治上的支持，其中以摩根和洛克菲勒两大金融财团为代表。

第三次兼并和收购浪潮是在第二次世界大战后的50年代至60年代，美国企业界正在进行一场“经理人革命”，职业经理人取代业主管理企业。职业经理人为扩大自己的权限而采取与本行业无关的多样化兼并战略。“60年代，美国报业集团的股票公开交易改变了美国传媒环境动力学，是传媒公司变为公众所有的重要动因”①。传媒公司股票的直接交易也是报业集团集中化发展的重要表征，说明美国的传媒市场开始进入资本运作的阶段。当时的汤姆森报业公司和时报—镜报公司在北美率先开始对公众出售股票，甘尼特、《纽约时报》、奈特和里德等报团紧随其后。

第四次兼并和收购浪潮是20世纪80年代兴起的杠杆收购。企业充分利用华尔街的财务杠杆进行收购，此次并购的特征是企业卖掉不合适的资产，买进同行业的企业，横向兼并仍是主导。20世纪的最后20年，美国大众传播传媒的发展呈现出所有权的集中加快和跨行业传媒集团垄断市场的趋势。

第五次兼并和收购浪潮是20世纪90年代以来，许多实力强大的公司进行强强联合，共创互补优势，共同占领市场，争夺全球市场。在本次并购浪潮中，传媒领域的兼并随着美国政府以1996年的《1996年电信法》出台为代表的规制放松而出现令人吃惊的规模和金额。在经历了1997年迪士尼（Disney）与大都会/美国广播公司（Cap Cities/ABC）以190亿美元合并的惊喜之后，1999年9月，商业新闻用尽溢美之词描述维亚康姆与哥伦比亚广播公司之间380亿美元的规模合并（“传媒巨人”、“神话”、“庞然大物”等）②。2001年1月10日，因特网服务提供商美国在线（AOL）和美国媒体大亨时代华纳换股，通过资本纽带实现了传统媒体与新型数字媒体的“联姻”，此被视为传媒产业发展史上的一次划时代事件。

毋庸置疑，在数字技术日益成为整合不同传媒形态的核心平台的技术变革浪潮下，集团的信息共享水平与信息衍生产品开发无疑可以降低产品的开发、生产与传播的成本，从而在更大范围内实现规模经济与范围经济，这是引发大规模并购的根本原动力；而美国反垄断法的“弹性”和政府规制的逐步放松，则是传媒并购高潮迭起的外部环境因素。

然而，并非所有的传媒并购都能带来必然的高效率，电信法“解法”或“放松规制”引发的传媒并购案刚刚尘埃落定，合并仅一年的美国在线时代华纳就接连发生了巨额亏损、股价大跌以及假账丑闻等一系列事件，为产业集中的积极鼓吹者们敲响了警钟，伴随着新经济陷入低谷，世界几大传媒巨头纷纷从大肆扩张转入战略盘整期。

---

① [美] 迈克尔·埃默里，埃德温·埃默里. 美国新闻史——大众传播媒介解释史. 展江译. 北京：新华出版社，2001. 619

② [英] 史蒂文·拉克斯. 尴尬的接近权——网络社会的敏感话题. 禹建强，王海译. 北京：新华出版社，2004. 205

此外，社会学家和传媒文化批评者们对于少数传媒集团掌控在某种意义上具有“公共产品”性质的传媒资源，借以操纵社会舆论导向，压制社会多元化观点的形成与发表，从而对社会文化与社会结构可能产生的负面影响表示出了隐忧。社会舆论的各种压力和市场垄断可能带来的经济学意义上的效率缺失的风险，使美国的传媒管理机构在政策逻辑与政策导向上摇摆不定，传播市场、传媒集团、政府规制机构、受众群等多元主体在技术进步所引发的传播格局调整的不确定情况下进行多方博弈，使传媒业的发展态势呈现出纷繁复杂的局面。

尽管受到各种因素的影响，但是作为传媒产业集中的突出表征的跨国传媒集团仍出现并活跃于世界历史舞台，且呈现出不以人的意志为转移的历史趋势。它们进行报纸、广播、影视、杂志、出版、印刷、信息服务等多元化经营，不仅攫取着文化传播产业日趋丰厚的利润，而且借助传媒所特有的影响力，对世界政治经济格局及发展态势产生了深远影响。作为一个处于崛起进程中并日益走向世界中心舞台的大国，我们不能无视这种影响；与此同时，中国未来的大国地位同样需要民族传播产业的强有力支撑。

就中国传媒业目前的现状而言，首先微观经营机制的创新与“政治智慧腾挪”已经渐渐逼近现行政策体制的可能性空间，难以为产业的发展释放出更强的活力，从而呼唤政府宏观管理手段的总体性变革；其次以政府行政手段为主导，以“集团化”改革为主要表征的传媒产业集中又因为历史沉积的种种原因而结果不尽如人意；最后以“资本化运作”为方向的传媒投资、融资体制改革与相应的传媒组织产权与管理变革也处在初始的探索期，亟须来自国外同行的经验与教训作镜鉴。

所有这些历史与现状，都呼唤我们要本着“他山之石，可以攻玉”的思想，探寻西方传媒产业集中的内在动因、发展态势与制约因素，以及政府规制手段、规制逻辑的沿革与变迁，以期为中国当下的传媒改革提供一定的参考思路和启示。

一、核心概念阐释

1. 传媒集中化

沿袭传统的概念界定法，本书把“传媒集中”分为广义和狭义之说。

狭义的“传媒集中”，是指传媒集团横向或纵向的一体化并购。一般情况下，传媒经济中的横向集中指某一家传媒公司购买另一家传媒公司的主要股份，后者可能并不直接与前者的行业相关，或者其主要资金来源根本与传媒无关；纵向整合指相同的产业生产线上多家公司的集中，使一家公司能够控制整个生产过程。

广义的“传媒集中”，是指一种集中化发展的态势，是传媒集团实施全球化、本土化、横向或纵向并购、战略联盟、整合等不同的发展战略而实现规模经济的集中化发展，并不仅仅指传媒集团横（纵）向一体化或者传媒并购等单一意义上的集中。

在集中化发展的过程中，美国传媒集团将收购现成企业作为一种优先考虑的发展战略，其主要原因是：①较低的风险。被收购的媒体有一个成型的受众基础，可靠的财务记录以及营销网络。收购一个媒体的风险要远远小于创建一个新媒体。②可发掘的基础设施。被收购媒体的固定财产、受众规模、影响力以及管理人员为买主提供了一个基础平台。③媒体收购能够较快地产生收入和正的现金流，这样可以为公司成长融资。④对媒体所有权的控制。与收购与联营等合作方式不同，它是对一家媒体所有权和经营权的完全拥有，便于传媒集团对被收购媒体的有效整合。[①]

美国传媒集团在集中化发展的过程中，形成了较为完善的运行机制和组织管理模式。并购战略的实施，使它们迅速地成长为超大规模的跨国传媒集团。

2. 垄断

经济学对于竞争和垄断关系的探讨分析可以追溯到新古典经济学时期。所谓“垄断”，是与自由竞争相对应而言的，指销售者借助于产品的差异性或市场的进入壁垒或其自身对于市场的操纵力，从而对产品价格的制定享有某种控制力。与竞争性企业相比，垄断者可以通过调整向市场供给的产量来改变产品的价格，往往收取高于边际成本的价格，从而损害消费者的利益。而且，垄断定价使一些有益于双方的交易无法进行，进而产生“无谓损失”。这种损失使整个“经济蛋糕”缩小了，垄断者生产的产量小于社会合意的产量，社会资源配置的效率由此降低了。

美国文化产品的雷同、相似、缺乏创新与程式化的文化工业不无关系，而处于垄断地位的寡头传媒对于美国不完全竞争文化市场的形成可谓“功不

---

① 裴延辉. 当代西方传媒集团经营管理战略透视. 中国人民大学博士学位论文，2002. 107

可没”。几大电视网——美国广播公司、哥伦比亚广播公司、全国广播公司和福克斯电视网分割市场，财大气粗的各大财团纷纷并购媒体、传媒集团的联盟以及市场化程度较高的销售渠道，这些都极不合意于本应充满活力和创新而实际上陈腐、产品缺乏差异性的文化市场，不仅使受众的福利和社会公益受到损害，同时也是对旨在维护市场公平竞争和社会福利，被奉为美国“经济宪法”的反垄断法的抵触和挑战。

3. 反垄断法

美国政府对于传媒垄断的控制主要通过反垄断法的法律规定和政府传媒规制这两种途径来实现。

美国是现代反垄断法的发源地，谢尔曼反托拉斯法是世界上第一部现代反垄断法，是针对在美国经济中察觉到的卡特尔和垄断现象于 1890 年通过的。美国反垄断法由多部法律构成，其成文法规和程序法包括：1890 年的《谢尔曼法》（*Sherman Antitrust Act*）；1914 年的《克莱顿法》（*Clayton Antitrust Act*）；1914 年的《联邦贸易委员会法》（*The Federal Trade Commission Act*）；1936 年的《罗宾逊—帕特曼法》（*The Robinson - Patman Act*）；1950 年的《赛勒—克福弗反合并法》（*The Celler - Kefauver Act*）。

在 19 世纪工业革命兴起的时期，诸如石油工业的约翰 · D. 洛克菲勒（John D. Rockelfeller）、造船和铁路行业的科尼利厄斯 · 范德比尔特（Cornelius Vanderbilt）以及钢铁工业的安德鲁 · 卡耐基（Andrew Carnegie）都以创建大公司来垄断所在的工业领域。1890 年，美国国会通过了《谢尔曼反垄断法》，对经常实施固定价格排挤竞争者的垄断行为和企业垄断进行约束和制裁。1911 年，政府诉诸该法成功地分拆了美国烟草公司（American Tobacco Company）和洛克菲勒的标准石油公司（Standard Oil Company），而后者被分拆为 30 个富有竞争力的小型公司。1914 年，美国国会通过了《克莱顿反垄断法》，禁止制造商只向同意拒绝商业竞争对手产品的销售商和合同商供给产品。1950 年通过的《塞勒—克福弗反合并法》通过限制旨在减弱竞争的任何企业并购和联合行动来进一步加强反垄断法的规则。今天，这些法律由美国联邦贸易委员会（Federal Trade Commission）和司法部（the Department of Justice）反垄断分委会负责实施。

所谓“反垄断法”，是用以控制那些对自由竞争进行不合理限制、促进垄断或实施违背社会公共利益行为的大型企业集团的法律的总称。反垄断法中的“垄断”或者“独占”与经济学中的垄断具有不同的含义，经济学所说的垄断往往是指一种没有竞争的市场状态，而反垄断法所禁止和约束的垄断不是指这种状态，而是指滥用这种状态，以及虽然没有这种状态而谋求此类状态（如卡特尔协议）等限制竞争的行为。反垄断法发展到今天，它的基本问题可以归结为对危害竞争的垄断行为的限制。

美国反垄断法的立法目的是多元的，主要是维护自由竞争的市场机制、经济效率、社会福利与其他社会目标。多元目标的内在冲突不可避免地带来成文法措辞的模糊和司法解释前后观点的分歧，以及执法上的弹性。这一方面使反垄断法成为一部开放性的部门法，能够不断包容和吸纳新思想的进入，伴随美国经济形势的变化而作出新的调整；另一方面，其实体规范由具有高度概括和抽象性的一般术语组成，法官对于自由裁量权的行使可能取决于其政策偏好、所受训练以及既往经验，从而带来司法裁决中的不确定性。此外，美国国会将反垄断法的执法权分别赋予了两个联邦机关、州政府、私人公司和消费者，多元执法主体的存在意味着反垄断法的分散化，因此，在执法过程中势必有冲突的情况。① 所以，反垄断法制度很容易受到来自社会变化中的经济和政治新思想的影响。

4. 政府传媒规制

作为美国广播电视法律制度的基础，《宪法》第一修正案的传媒规制和新闻自由原则规定：国会不得制定有关限制宗教或者其自由信仰的法律，不得指定限制言论或出版自由的法律。在经济制度方面，私有制和发达的自由市场经济体制是贯穿美国各个行业的共同特征，通过市场竞争实现经济效率和社会效率的增长。

在经济学中，从资源的市场配置、企业和消费者的决策以及消费者与企业通过规制制度所发生的关系来看，规制是由行政机构依据有关法规制定并执行的直接干预市场配置机制或间接改变企业或消费者供需决策的一般规则和特殊行为②。在传媒领域，政府规制同样是通过立法或法规政策来干预和调解传媒竞争行为，平衡规制部门和传媒企业、传媒消费者之间的关系，其根本目的是发挥市场经济配置资源的最优功能。③

美国传媒的政府规制一方面体现为制定和修改相关法律、政策和规章来调控传媒市场结构、规范传媒经营组织的市场行为；另一方面则表现为设置

---

① 孔祥俊．反垄断法原理．北京：中国法制出版社，2001. 73 ~ 75

② 陈富良．放松规制与强化规制．上海：上海三联出版社，2001. 26

③ 胡正荣．外国媒介集团化研究．北京：北京广播学院出版社，2003. 54

相应的管理机构来确保该法律政策规范的落实与监督。

1927 年，在经过广泛深入的听证会后，美国国会通过了联邦广播法案。根据这个新法案，联邦广播委员会诞生，委员会由 5 个成员组成，每个成员大约代表美国五分之一的领土。从此，一种为全国所有广播服务、分为不同服务级别的调频机制就建立起来了。

联邦广播法案奠定了美国广播系统的基本哲学：①在全国范围内广播、使用电磁频谱的广播频道是属于全国公民的公共资源；②被授予执照能使用特殊调频的广播机构只有频道的使用权，并不拥有所有权；③执照持有者必须在服务公众利益的前提下使用该调频。法案进一步规定，执照持有者必须事先通过由联邦委员会设计的广播电台营业资格考试。法案强调，广播必须履行“为公众兴趣、利益和需要服务”的职能，这一原则成为广播电台必须遵守的基本要求，并指导联邦广播委员会规范其权力。[①]

1934 年，在富兰克林·罗斯福（Franklin Roosevelt）总统的建议之下，美国国会把联邦广播委员会之间的立法权扩充到所有国内、国外的有线和无线传播领域，并在 1934 年通过了传播法案。该法案合并了 1927 年广播法案的内容，扩大了规范者的司法权限，把委员会的成员扩充为 7 人，并改名为“联邦通讯委员会”（The Federal Communications Commission，简称 FCC）。1934 年的传播法案延续了 1927 年的法案精神，并肯定了联邦通讯委员会签发执照所授予的是频道的使用权，而不是所有权。

《1934 年通信法》是美国政府对广播电视和通信行业进行规制的基本法。该法首次针对合理收费的通信服务，通信业的规制，利用通信促进生命和财产的保护等事项，确立了立法目标。该法设立了限制外资进入美国广电行业的条款，规定外资在广播电视媒体资本中所占的比重不得超过 20%，这些条款一直到后来都是 FCC 规制广播电视和通信行业的重要法源。

《1967 年公共广播电视法》是关于公共广播电视的基本法。美国依据该法建立了公共广播电视的基本制度框架，其中包括公共广播电视系统的经费筹措与分配的主体——公共广播电视协会（CPB）、公共电视台的联合体公共电视网（PBS）、公共广播电台的联合体公共广播网（NPR）的设置，及其内部治理结构和财源体制。

---

① *Radio-Television – Cable Management*. Washington：D. C. U. S. Government Printing Office，1996. p. 276.

1984 年的《有线政策通信法》（*The Cable Communication Policy Act*）是美国政府针对有线电视业的第一个联邦法案。该法针对有线电视业建立了一个全国性规制环境，为制定联邦政府、州和地方各级有线电视政策提供了比较系统的法理依据。

《1990 年儿童电视法》规定了 FCC 在儿童电视节目监管方面应尽的义务，其中包括：制定商业电视台播出儿童节目数量的最低标准，对儿童节目播出时段插播广告的限制，在广播电视许可证申请的审查程序中加入有关儿童节目的考核标准。1996 年，FCC 依据该法，正式将商业广播电视台播出儿童节目的最低数量标准和内容标准写入 FCC 规则。

《1992 年有线电视法》是针对 20 世纪 80 年代以后出现的有线电视产业集中化趋势而制定的行业法。该法首先要求建立针对有线电视系统之间横向一体化的水平规制。国会依据该法将有线电视具体的规制权授予了 FCC，FCC 据此制定了详细的有线电视规制政策。

在《1934 年通信法》的基础上，《1996 年电信法》（以下简称《电信法》）增加了一项重要条款。该法对电信服务、广播电视服务、有线电视服务、规制改革、猥亵及暴力内容，对其他法律的影响等重要问题，都作了系统的规定。该法的最大特点是解除了对通信业与广播电视业之间相互进入的各种限制，充分体现了竞争原则。[①]

由上述历史性回顾可见，对于传媒产业“公共属性”的维护和据此而展开的“反垄断性规制”一直是美国政府传媒规制政策的逻辑指导。

5. 传媒集中≠传媒垄断

在反垄断背景下，传媒集团与联邦通讯委员会博弈的过程中，一方是传媒集团实施并购以及具有“共谋”特征的联盟战略，使得传媒市场的集中化程度提高；另一方是联邦通讯委员会规制的放松和“解法”。这里的核心问题就是，传媒集中不等于传媒垄断（滥用垄断势力的行为）。

反垄断法是一部跨经济学的部门法，利用该法从经济学的基本概念和原理来阐释、界定反垄断法的相关内容是必然的事情。经济学判断市场垄断或者竞争程度的关键参数是进入障碍，如果一个企业是其产品唯一的卖者，而且其产品并没有相近的替代品，这个企业就是垄断。这个垄断者之所以能在

① 国家广播电影电视总局发展研究中心．发达国家广播影视管理体制和管理手段研究．北京：中国传媒大学出版社，2007. 40～41

市场上保持唯一卖者的地位，是因为其他企业不能进入市场并与之进行竞争。

"进入壁垒"就传统意义而言，表示一个新进入者为了在市场中获得立足之地必须克服的所有障碍，而传媒市场就具有这种高进入壁垒。企业必须在有一定规模的基础上才能进入传媒市场，规模化、集中化使这一市场的门槛变得很高。从经济学的角度讲，已经处于市场中的企业要继续发展也必须付出代价，它们要不断克服新企业所面临的同样障碍。传媒集团在充满竞争的集中化过程中，受反垄断法的约束和联邦通讯委员会规则的规制，不但滥用其垄断地位的可能性不大，而且自身与新进入者一样承担着很大的投入或者进入风险。

如果企业是通过正当竞争或者依据其他法律规定的合法手段取得独占地位，那么该集中行为是在所难免且是合法的。反垄断法所要禁止的是：①像美国谢尔曼法时代企业的卡特尔行为（经营者通过合同、决议或者协调一致的行为，通过实施划分市场、限制价格或者产量等反竞争的行为）[①]；②滥用垄断势力的限制竞争行为；③旨在通过合并、收购或者联盟等方式，进行固定价格的"共谋"或者排他，从而达到将具有垄断地位的企业进行集中或监督、控制并购的目的。据此，在传媒集中化的过程中，传媒集团通过正当竞争，在遵循联邦通讯委员会规制、规则的基础上合法取得垄断力或者垄断地位，但并未实施限制市场竞争、破坏市场效率进而有损公众福利的滥用垄断势力的行为，就不是真正意义上的垄断行为，不构成反垄断法的规范对象，对此不应该加以干预，而且，反垄断法不仅仅要保护自由竞争的市场机制，更重要的是要维系市场的效率和公众利益以及整个社会的福利。保持一个充满竞争的市场是手段，市场的效率才是终极目标，集中化的传媒集团在某种意义上是可以促进市场效率的。这正是下文所要论述的反垄断法的变异、反垄断法执法进程中联邦通讯委员会"解法"运动的基准或出发点。

二、美国传媒集中化的产业逻辑动因

美国的传媒运行体制建立在私有制和商业化运作的基础之上，对商业利润的追逐是其传媒产业的本质属性和产业发展的根本驱动力。在以技术变革为主导的传媒格局调整过程中，超大规模的跨国传媒集团将逐步显现并成为市场主宰，且日益将美国文化传播至全球。那么，美国传媒业趋向高度集中

---

① 孔祥俊．反垄断法原理．北京：中国法制出版社，2001.9

化的深层产业逻辑动因何在？它又会对传播市场的诸多博弈方产生怎样的影响？

（1）从当代信息产品的本质特性来说，它具有“影响力产品”和在整个社会范围内“边际效用递增”的特征。

一项信息产品的价值，并非取决于它自身的固有内容，而是取决于它通过广泛传播，为人们的决策提供社会参照、塑造社会认同、协调个体与社会环境之间关系的“影响力”大小。如同样的国际互联网技术，如果仅在两个终端个体之间连接使用，其价值是很小的，它所连接的终端个体越多，其经济价值就越大。直到它将全球的信息终端连接在一起，通过万维网造就一个“网络地球村”时，作为一种全新的信息沟通方式和社会结构方式，其价值才前所未有地发挥出来。

从这个意义上说，信息产品具有与传统经济学“边际效用递减”规律截然相反的“边际效用递增”的特点，其价值不仅不随传播而损耗，反而在传播中逐步积累提升，但这就要求有大规模的传播作为基础。

（2）从生产角度来说，传媒产品具有高固定成本、低边际成本的固有特征，呼唤集团化的规模经济优势。

传媒产业的产出物虽具备物质载体的属性，如报纸、VCD 等音像制品，但究其本质是精神产品，其价值更多地体现在产品内容的原创性上，属于高度智力密集型产业。因此，一种“差异化”的传媒“内容”的生产，要耗费大量的人力、财力、物力。内容生产一旦完毕，以“工业化复制”为特征的物质载体的生产边际成本就相当低廉了。正如 UBS WARBURG 分析师迪克森所言：“传媒业的关键就在于让尽量大的传播网络来分摊内容的成本。”

（3）从受众需求角度来说，减低信息“冗余价值”的要求呼唤传媒集团的“范围经济优势”。

社会的信息呈现方式往往把受众淹没在“信息的海洋”之中，一条信息，不管本身内容如何“石破天惊”，如果不能与特定受众在特定条件下的特定需求相“吻合”，便体现为一种“信息冗余价值”，而大量“冗余价值”的存在会大大增加受众对“有效信息”的搜寻成本（包括时间、情感和金钱等各方面）。毋庸讳言，产品越是细分，其对特定受众的“有效价值”就越高，“冗余价值”也就越少。

因此，针对受众的特定需求，对同一信息从不同角度进行加工处理，或对不同信息以特定化的结构方式进行组合，以最为契合受众需求的方式予以呈现，尽可能减少“冗余价值”，更好地充任受众的“信息管家”便成为必需。这种对同一内容的多样化生产客观上要求信息产品在更大范围内交换和传播，使每一种细分产品在更广阔的传播半径中分摊成本。

(4) 从“注意力经济”的角度来说，信息和传播产品的空前丰富使受众的“注意力”上升为稀缺资源，传媒集团化可以通过立体化整合传播更有效地实现对“注意力”的争夺，提升自身内容产品的价值。

跨越不同传媒载体的传媒集团可以通过统筹安排，使自己的独家内容产品在短时间内“全方位”、“立体化”地扩大受众覆盖面，凝聚尽可能多的“注意力”；这种“集团造势”的整合传播方式使同样的内容产品成为一时的社会关注热点，“注意力”的凝聚实现了价值提升，为后续产业开发打下了基础。

如好莱坞大片《泰坦尼克号》，其影片内容本身未必要比其他影片精彩数十上百倍，但它通过成功的整合传播策略，一度成为社会的焦点话题，不少受众出于“迎合社会公共话题，增加与他人沟通内容”的目的也争相一睹为快，“泰坦尼克”作为社会语料库里的一个新增词汇具备了某种符号价值，大大拉动了相关衍生产品的开发。

(5) 从“资本运作”（包括有形资本和无形资本）的角度来说，集团化可以更充分地挖掘和调用传媒组织的无形资产，实现价值增值。

与其他产业不同，传媒产业在生产和传播过程中更多涉及和调用的是无形资产，如品牌、知识产权、长期积累的资讯网络和公共关系网络等，这些无形资产具有很强的延展性，可以通过深度挖掘开发出更多的衍生产品，增强既有市场的渗透力或占领新市场。传媒集团化所提供的组织支持与资金支持无疑为这些无形资源的共享与开发提供了良好平台。

(6) 从参与产业竞争的角度来说，集团化可以凭借规模优势提升产业壁垒，并增加与上游供应商和下游客户讨价还价的能力。

规模经济的存在提升了产业壁垒。它迫使新的进入者一开始就要大规模生产并面对原有企业强烈的抵制，或者选择小规模生产，这样成本方面的劣势就不可避免，这并不是新进入者所期望的。纵观全球知名的传媒集团无一不在实施并购策略，力求建立庞大的企业规模。维亚康姆集团的总裁雷石东曾经这样谈论公司规模扩张：“一味地追求公司的规模是没有必要的。不过，规模变大确实比规模小要好，从一开始，我就为自己确定了一个目标：要把维亚康姆建成全球最大的传媒娱乐集团。”[①] 此外，传媒巨鳄们不仅横向形成企业的战略联盟，也纵向形成一体化的销售链。通过规模化的生产和竞争来实现成本上的优势。譬如，一家制作电视节目的企业如果同时拥有节目发行渠道，无论是电视台还是有线频道，都会收到可观的效益。若拥有电视网络并确保这些节目能播出，肯定会相应冲抵制作电视节目的费用和成本。

传媒集团化一方面可以通过组织内部的规模成本优势打击竞争对手，提升潜在进入者的进入壁垒；另一方面，可以为受众提供更为细分化的产品，通过降低“冗余价值”、定制产品而提升产品价格；与此同时，受众的细分化可以促进广告的有效投放，跨越集团内不同传媒载体的一体化整合营销传播也可以更好地为广告商实现“定制”服务，从而提升为上下游利益相关者所提供的价值和自身在此过程中的“话语权”。

美国战略管理学家迈克·波特（Michael Porter）曾提出著名的产业竞争分析模型，把驱动产业竞争的力量分为产业内部竞争者、潜在进入者、替代品、供方和买方的讨价还价能力等五个方面（见图1－1）。[②]

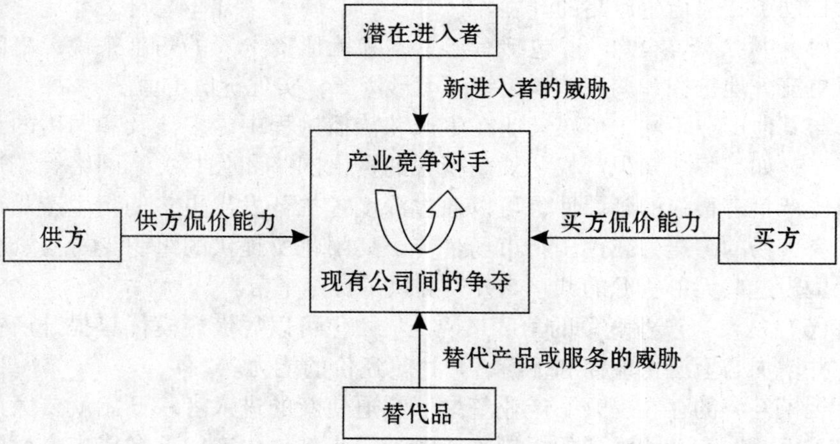

图1－1　波特“五力”模型

资料来源：CIO时代。

① 走近传媒天才维亚康姆CEO雷石东．千龙传媒，2003－02－19

② 迈克尔·波特．竞争战略．陈小悦译．北京：华夏出版社，1997.3～5

对传媒业来说，上述五种竞争压力同样存在。如今，传媒业名副其实地成为全球性产业，西方跨国传媒集团实施全球战略的基础是，在更加广阔的环境中对上述市场力量的重新审视。传媒集团必须更多地关注全球范围内的竞争对手，特别要关注广泛的潜在进入者及其不同的企业目标和个性。

（7）从技术推动的角度来说，数字化带来的产业融合趋势要求传媒组织不断壮大自身力量以提升在与其他产业融合过程中的主导权。

“数字化”所带来的生产性变革远远超越了传播产业本身，不仅产业内不同传媒载体的界限渐趋模糊，而且产业价值链逐渐后移，“服务”而非“产品”日益成为价值链的重心所在。可以说，信息传播产业正在充当一个全社会范围内新的产业模式的引领者，资讯、通信和互联网的产业融合是不以任何人的意志为转移的历史大趋势。

在这场影响深远的革命性变革中，谁的力量更为强大，谁就能在“产业变革”和“价值体系重塑”过程中获得更大的资源配置主导权与话语权，使变革朝着有利于自身的方向发展。这也成为跨国传媒组织扩张自身规模的一大动力。

（8）从交易成本的角度来说，按照罗纳德·科斯（Ronald Coase）的交易成本理论，企业集团本身是“市场”与“组织”这两种资源配置方式的混合体，其初衷是为了减小经济交易中的不确定性，降低交易成本。比如某一内容产品的多种衍生产品的开发，如果内部已经有了流水线式的经验、默契和信任，以资本和利益为纽带，可以在主打产品上市后很快就跟随推出；如果在市场上分头寻找合作伙伴，时间成本、谈判成本和履约监督成本都很高昂，甚至可能错失最佳市场时机。

正是基于以上原因，“做大做强”几乎成为每一个传媒集团的努力方向，因为这不仅是发展的需要，也是在激烈竞争中生存的必需。而且，在受众的稀缺“注意力”资源的制约下，为增强市场渗透力，在市场趋向集中化的同时，传媒组织也倾向于对传媒市场进行细分，按照一定的分类标准把进入的市场划分为若干供给与需求相近的子市场，根据不同受众群体的地理环境、人口统计、消费心理、文化背景和传媒行为等来制作相似但不相同的文化产品，“全球化战略”与“本土化战略”并行。传媒集中化反而在一定程度上有助于传媒集团发挥规模经济与范围经济优势，从而提升市场效率，更好地服务于消费者。这反过来又进一步促使政府放松规制。

三、传媒集中化变迁的五大要素和博弈

剖析反垄断背景下美国传媒的集中化过程，离不开对美国整个传媒业宏观产业环境变迁的总体把握。技术、市场、传媒集团、受众、政府是影响和制约传媒产业集中化变迁的五大要素，美国传媒业的每一次兼并与收购浪潮都伴随着传媒集团与联邦通讯委员会的博弈。但是，在“政策性规定”与“对策性博弈”的表象之下，技术的变革及其深层影响才是背后的主导和决定力量。

下文将构筑一个简单的产业变迁模型（见图 1－2），借以说明传媒市场多元要素之间互动博弈的关系。

四、美国传媒规制的历史沿革与逻辑基点转换

作为一项集“经济基础”与“上层建筑”特点于一身的特殊领域，传媒产品内在的两大属性——公共产品属性与商品属性之间的矛盾是政府进行传媒规制的逻辑起点。

现代传媒日益成为社会文化的传播者、社会认同的塑造者、社会冲突的调解者和社会结构的整合者，从而在社会生活中扮演着重要角色。因其广泛的公共影响，传媒产品先天具有“公共产品”的特征；频谱资源的稀缺性也决定了传播业所起用的资源具有“公共资源”的特征。同时，在美国，传媒“公共职能”的实现和履行是“产权私有”的传媒企业经由“产业化竞争”路线而实现的，商业利益对于公共利益的排挤不可避免地产生了政府规制，以校正市场失灵并确保传媒公共职能的履行。

但在政府规制的指导思想上，有四个方面的理念转换最终促成了规制逻辑的转换，这四个方面具体表现为：

（1）反垄断法由法律进路（垄断定价的财富再分配效应）转移到经济学进路（强调资源的配置效用）上来。

1890 年谢尔曼法案是美国反垄断法的基础法律，其目标是控制经济权力，消除竞争限制，保护自由竞争。1890 年的谢尔曼法案仅有 8 个条款，主要内容集中在该法的前两条，即第 1 条：任何限制州际或与外国之间的贸易或商业的契约，以托拉斯形式或其他形式的联合，或共谋，都是非法的。任何人签订上述契约或从事上述联合或共谋，将构成重罪。第 2 条：任何人垄断或企图垄断，或与他人联合，共谋垄断州际或与外国间的商业和贸易，是

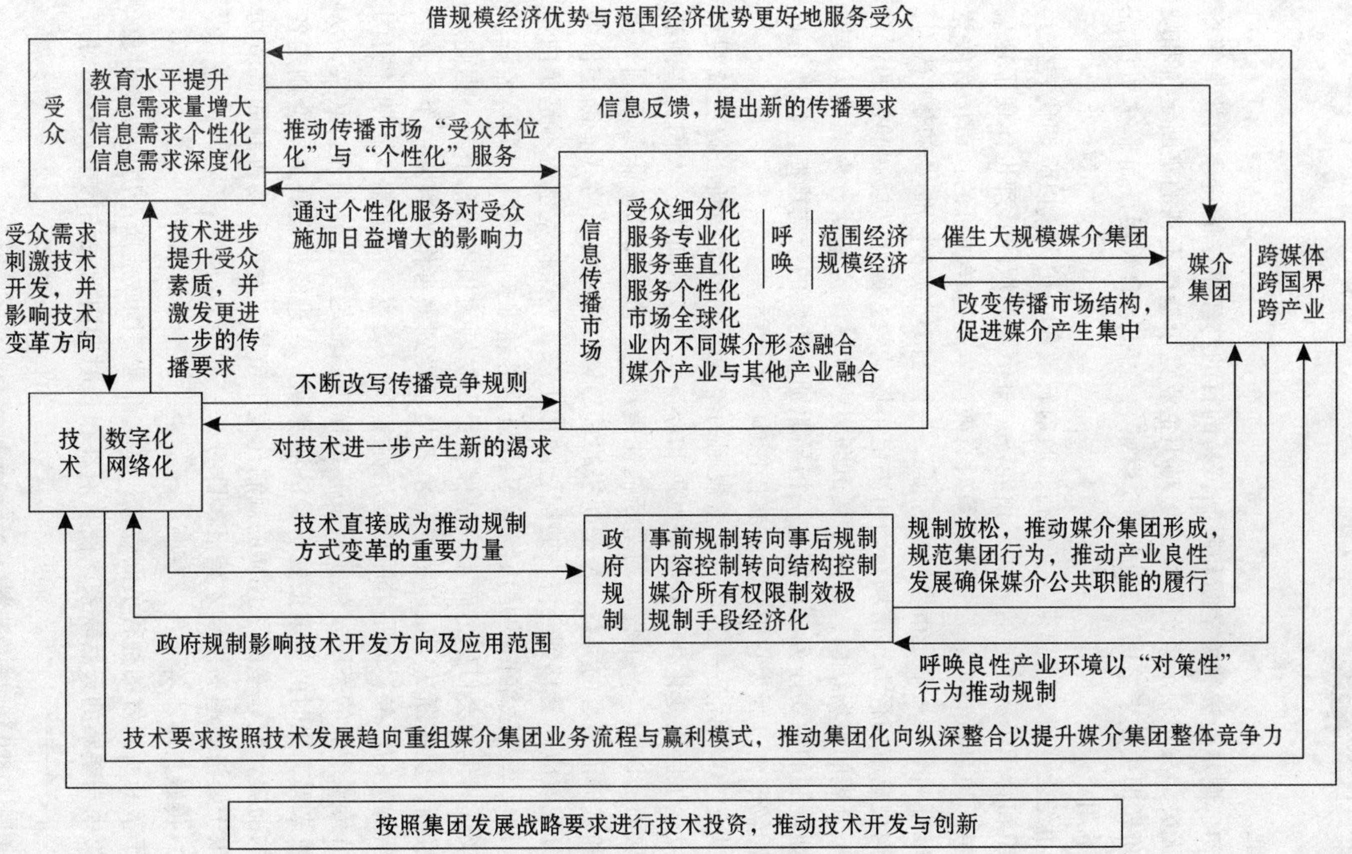

图 1－2 五大要素相互影响的解释

严重犯罪。[①]

最初，谢尔曼法有关垄断和限制贸易的目的与经济学的竞争和效率等概念几乎无关，法律制定者们更关注于对小企业竞争造成不利的垄断定价和歧视性定价，即关注于垄断所造成的“财富再分配”的效用，而非“资源配置”的效用。

20世纪上半叶，凯恩斯主义盛行，政府行政权力扩大，以强调代表公共利益组织和管理经济职能的方式干预经济，对传媒领域的管理也体现了这一指导思想。70年代以前，反垄断政策对有效竞争是这样评价的：市场有效竞争的标准有两个，一个是市场结构标准；一个是市场绩效标准。该政策认为，市场结构决定市场行为，市场行为再决定市场绩效。因此，规制的目的就在于完善不合理的市场结构，如何定义市场集中度、评价垄断行为就成为美国所有产业规制的主要任务。根据这一指导原则，传媒的结构规制，即所有权限制就比较严格，因为它被认为将直接影响竞争效益。[②]

20世纪70年代是一个政府放松规制的年代，美国反垄断法的主流观点也开始发生了巨大变化。随着经济发展和经济学本身的演进，人们对垄断有了更深层面的认识。一定程度的垄断往往是规模经济的需要，未必不利于提高效率和维护消费者的利益。反垄断法的总趋势由法律的进路（垄断定价的财富再分配效应）转移到经济学的配置效用上来，“保护竞争而不是保护竞争者”，即反垄断法维护的是市场竞争机制，通过维护市场机制提高经济效率或者实现其他社会目标，而不只是保护受到垄断力损害的竞争者。据此逻辑可以推断，反垄断法不是以特定竞争者是否受到损害作为判断一个企业是否有垄断行为的标准，而是着眼于是否危害了市场竞争的机制。同期，美国政府对待传媒产业的态度发生了转变，放松规制的趋势十分明显。其实，从历史背景来看，当时的美国正处于经济滞涨期，促进经济发展是国会制定各项法令的前提，使“垄断”性质的规制让位于市场，发挥市场机制的调节功能，着眼于经济效率的提高才是根本目的。

（2）传媒集中不等于传媒垄断。

基于垄断所引发的种种负面效应，从来都是美国政府所严厉监管的对象。而产业集中与垄断的天然联系，使政府在很长时期内把关注的重点放在对市

---

① 美国《1890年谢尔曼法案》（*Sherman Act of* 1890）

② 胡正荣．外国媒介集团化研究．北京：北京广播学院出版社，2003. 61

场结构和市场集中度的调控上面。但是，伴随联邦通讯委员会规制的放松与“解法”，一个核心问题逐渐得到澄清：传媒集中不等于传媒垄断。

经济学判断市场垄断或竞争程度的关键参数是“进入壁垒”，如果一个企业是其产品的唯一卖者，且其产品没有相近替代品，则该企业就取得了市场垄断地位，因为其他企业不能进入市场并与之竞争。所谓“进入壁垒”，即一个新进入者为在市场中获得立足之地必须克服的所有障碍。传媒市场通常都是在有效规模的基础上才能进入的市场，规模化、集中化使这一市场的门槛变得很高，而从经济学的角度讲，已经处于市场中的企业要继续留在市场中也必须付出代价，要不断克服新企业所面临的同样的障碍。传媒集团在充满竞争的集中化过程中，限于反垄断法的约束和联邦通讯委员会规则的规制，不但滥用其垄断地位的可能性不大，而且自身与新进入者一样承担着很大的投入或者进入风险。此外，为了吸纳和维持日趋稀缺的受众注意力资源，即使是在市场上处于强势地位的传媒集团，也要顺应传播市场上的受众将潮流细分，为市场提供差异化的产品。

例如，美国的有线电视市场很大程度上类似于经济学上所讲的寡头垄断市场，美国广播公司、哥伦比亚广播公司、全国广播公司等几大电视网处于“垄断竞争”的地位，对全国的有线电视市场进行分割，但是，它们严格意义上并不构成反垄断法所规范的垄断行为。首先，它们提供相近而不相同的有线电视节目，不是市场上唯一的卖者，其文化产品可以为其他相近的产品所替代；再者，它们并不构成提供相似产品的其他企业进入的宽泛意义上的进入壁垒，虽然进入的门槛抬高了，但其他传媒企业依然可以自由进出美国的有线电视市场。美国有线新闻电视网（CNN）和福克斯广播电视网（Fox Broadcasting）的进入就是明证。

基于以上分析，市场能否自由进出是决定传媒市场是否具有竞争性和有效性的重要因素，同时也是决定传媒集团的集中或并购是否构成垄断行为的“证据”之一。在传媒集中化的过程中，传媒集团通过正当竞争、在遵循联邦通讯委员会规制规则的基础上合法取得垄断力或者垄断地位，但并未实施限制市场竞争、破坏市场效率进而有损公众福利的滥用垄断势力的行为，就不是真正意义上的垄断行为，不构成反垄断法的规范对象，对此不应该加以干预，而且，反垄断法不仅仅要保护自由竞争的市场机制，更重要的是要维系市场的效率和公众利益以及整个社会的福利。充满竞争的市场是手段，市场的效率才是终极目标，集中化的传媒集团在某种意义上是可以促进市场效率的。

（3）市场的失灵与政府校正的失灵。

传统经济学认为，垄断行为属于市场失灵的范围，作为优化社会资源配置者及社会福利的维护者，政府必须强化对垄断行业的规制。从20世纪30年代到70年代，这种看法一直占据主流。

但是，后来的研究发现，政府对市场失灵的校正措施同样存在着失灵的可能。这是因为：①规制机构与被规制企业之间存在着信息不对称，使规制的原则性条文很难在实施中收到预定成效；②政府作为一个相对独立的利益主体接受公众委托维护公共利益，以及规制机构作为一个相对独立的利益主体接受政府委托履行政府赋予的相关职能，这其间都存在着“委托—代理”问题，政府或规制机构从自身利益出发可能会采取损害公众利益的“寻租行为”；③在实际操作过程中，规制机构的许多措施本身都是各个利益集团博弈与平衡的结果，规制机构存在着被大的利益集团“俘获”的可能，因此规制措施可能最终偏离了“校正市场失灵”的实际需要；④政府规制不能适应市场环境的变化，如“规制时滞”问题突出等。传媒公司越大，它要求的特殊政策也就越多。例如，默多克是《纽约邮报》（*New York Post*）的发行人，他还拥有一家澳大利亚航空公司。1980年，当美国进出口银行的工作人员拒绝默多克为其澳大利亚航空公司申请美国政府补贴的贷款请求时，默多克在白宫与当时的总统卡特共进午餐，之后又与进出口银行的总裁会晤。两天后，默多克的《纽约邮报》在关键性的纽约地区初选中支持卡特。6天后，银行收回了以前的决定，为默多克贷款2.9亿美元，利率为8.1%①。

基于以上种种原因，政府规制的成本不断提高，而且规制结果与初衷出现背离的情形，导致产业效率的低下和社会福利的损失。而传媒市场作为一个自组织系统，在一定程度上具有自我调整的能力，最好的办法还是以市场为基础，由政府制定针对外部性的政策，使私人决策者决策行为的“外部效应”“内部化”，由市场来实施惩戒，迫使私人决策者自觉地为自己的行为负责。

20世纪70年代，美国联邦通讯委员会对运营商的新进入者进行了严格的门槛限制，政府管制成为替代竞争并使经济有效运行的一种手段。FCC不

① *Washington Post*, 1980-05-13（A7）

允许占垄断地位的电视网自己制作并发行电视节目，即要制播分离。[1] 政府干预消除了市场的力量，冲抵了他们的作用，缺乏市场激励。最终，“政府失灵”的压力迫使70年代处于“滞胀”困境中的美国政府开始调整政策，开始转向市场，弘扬市场作用的同时削弱政府的干预，引发了FCC放松规制的“解法运动”，以富有弹性的规制机制来自然发挥市场的力量，抵消政府干预所造成的沉重的社会成本。

（4）伴随美国传媒业的全球扩张，“国家利益”压倒“公众利益”成为影响决策的重要力量。

随着全球化浪潮汹涌，资本在整个世界追逐利润与市场，传媒集团的跨国扩张成为不可遏制的趋势，世界传媒业的竞争日益衍化为世界几大传媒集团“合纵连横”的较量。在国际传播中，从某种意义上说，传媒的声音就象征着国家的形象，代表着国家的综合国力。美国传媒集团代表美国政府的声音传播美国文化，实施“文化扩张”战略，这与美国政府争夺全球霸权的整体扩张战略是高度一致的，恰恰代表了美国的国家利益，因此这种扩张得到了美国政府的鼎力支持，不惜牺牲某些公众利益，甚至冒着与体现自由和民主的立国之本的“第一修正案”相抵触的危险，放松规制，修正法律，使美国在线时代华纳、迪士尼、维亚康姆等传媒集团在相对宽松的规制环境中进一步实施传媒集中战略，凭借其规模经济与范围经济优势强化国际竞争力。

上述四方面的理念转换使斯宾塞提出的“物竞天择，适者生存”的社会达尔文主义成为主导规制的思想，反垄断政策也有了新的标准，其目的在于促进竞争效率，从而实现消费者福利最大化。因此兼并整合、集中市场结构的行为越来越被推崇，法律旨在保护竞争，而不是干预竞争。联邦通讯委员会开始了规制思想的转型，其强调的传媒业具有独特的社会和政治影响力的思维逐渐被经济影响力思维所取代。

五、研究方法和文本叙述

传媒集团的集中化问题是一个具有前沿性、交叉性的课题，以传媒经济学和产业组织的基本内容为核心，涉及传媒与政府规制的关系、传媒集中化与公共利益的关系等。具体说来，传媒集中化主要研究媒介的所有权、国家

---

① 雷石东的激情与传奇．华明沃华传媒网，http：//www.wowa.cn/a_ ArticleShow.aspx?view_ id = 17904

干预政策与媒介产业互动的经济分析、媒介并购与垄断的法律问题等。

一般而言，传媒经济就是研究媒介产业如何利用稀缺资源去生产和发行供给消费者的内容产品来满足社会中的各种欲望与需求。宏观经济学和微观经济学的一些基本原理都可以应用在传媒经济研究中。宏观经济学关注政治经济、总体生产与消费、经济增长、就业与通货膨胀；而微观经济学对专门市场、市场结构、市场行为以及厂商和消费者行为进行研究。在传媒经济研究中，宏观经济研究的视角可以分析国家媒介政策及其对媒介消费和投资的影响；而微观经济研究可以研究个体媒介企业的竞争行为与市场绩效，应用最多的则是企业理论和产业组织理论。

按照西方传媒经济学的研究范式，传媒集中化自然涉及传媒经济学的所有范畴。例如，在决定谁拥有大众传媒和应该生产什么类型的传媒产品方面，政府是否必须扮演更加强硬的角色？政府是否应该放松传媒管制，听任竞争和市场力量支配传媒行业的运行？公民是否应该要求传媒组织保持较高的社会和文化生活质量？美国文化在世界范围内传播是否减缓或促进了民主和地方文化的成长？几个跨国传媒集团掌控下的传媒生态环境是否限制或扩展了传媒市场上企业、组织的声音和数量？①

目前，国内研究者关于传媒经济的研究范式问题存在争论：一种观点认为，传媒经济学是新闻传播学和经济学的交叉学科。另一种观点认为，传媒经济学是个独立的应用学科，其中又有两种观点：一种认为传媒经济学是新闻传播学下面的应用学科；另一种则认为传媒经济学是经济学下面的应用学科，是微观经济学和产业经济学在报业领域的延伸。《传媒经济期刊》（*Journal of Media Economics*）的著名传媒经济研究学者罗伯特·G. 皮卡德（Robert G. Picard）认为，传媒经济“旨在研究形形色色的媒介操作者，如何在各种资源均属有限而非无限的前提下，满足阅听人、广告业者与社会在资讯与娱乐等方面的各种欲求与需要。”② 他进一步解释：通过考察媒介企业的经营行为如整合与并购、竞争、生产与价格策略，人们就能更好地理解媒介的功能与他们对消费者的影响。显然，皮卡德更倾向于以微观经济学的视野来研究传媒经济。

基于传媒经济学和产业组织经济学的“传媒集中化”话题重点讨论传媒

---

① Richard Campbell, Christopher R. Martin & Bettina Fabos. *Media & Culture*: *An Introduction to Mass Communication*. BEDFORD/ST. MARTIN'S, 2007. p. 457.

② 郭志法，刘年辉. 美国媒介经济研究的进展. 新闻与传播研究，2006，13（1）

并购、反垄断法的局限性和放松管制、消费者控制和传媒经济全球化等，其中也涉及传媒并购对民主和市场多样化的影响、传媒经济的伦理和社会、文化帝国主义的威胁等话题。

具体到本书对美国传媒集团集中化问题的研究，既需要对美国新闻事业发展的脉络进行梳理，从而说明美国传媒产业的本质属性是集中和垄断，又需要从几个方面对美国传媒集团的集中化发展进行评价。

本书的研究思路力图体现以下三个特色：

第一，宏观而全面的描述。本书对反垄断背景下美国传媒集团进行研究，旨在能够全面地认识美国传媒经济集中化发展的全貌：传媒集团如何在市场机制、法律环境和政府规制的框架内走向集中。这种研究方法的长处在于，不但能够整体把握和了解美国传媒集团的发展动态和状况，而且有助于认识美国传媒经济的运作规律。美国的反垄断法是对于产业组织的竞争和垄断的经济现象进行调整的部门法，与传媒集团的集中化发展是紧密联系的；而传媒行业是生产文化产品的行业，美国政府通过联邦通讯委员会对传媒集团实施规制。以传媒集团集中化发展和联邦通讯委员会的规制关系作为“入口”，逐层展开论述，在反垄断法放松规制为传媒集中化发展创造宽松的法律环境的基础上，政府规制放松和联邦通讯委员会的“解法”进一步为传媒集中化的发展争取了政策优势；自由竞争的市场机制才是传媒集中化发展的动力机制，放松规制只是市场外部性的一个方面，而政府对于涉及“公共领域”的传媒行业总是要进行规制的，这必然决定了传媒集中化是在市场机制的动力因素和政府规制的制约因素下运行的。

第二，联系和比较的方法。本书把美国传媒集团置于反垄断法的背景下，首先分析市场是传媒集团集中化发展的动力机制，传媒市场的结构在相当大的程度上取决于市场的竞争和垄断状况，市场的自由竞争程度越高，传媒集团的集中度就越大；与自由竞争的市场机制相对的是联邦通讯委员会的规制、市场外部性等传媒集中化发展的制约因素；在比较反垄断法的合并控制和传媒垄断控制的基础上，从传媒集团集中化发展与联邦通讯委员会的博弈谈起，经济学进路的反垄断法变异为 FCC 的“解法”和规制放松提供了法律条件，从而推动了传媒集团的合并或并购的集中化发展。

在论述的过程中，存在几对相互联系和制约的对立体：在传媒集团集中化发展和政府的反垄断规制的对立中，由于经济和政治因素的介入，反垄断法本身及其执行都经历了一个变异的过程，而像传媒集团这样有垄断力的企业组织利用反垄断法所提供的宽松环境，也在与其规制部门联邦通讯委员会进行博弈和较量，使得联邦通讯委员会的规制“钟摆”左右摆动着。同时，把反垄断法的合并限制条款和传媒集团的集中化发展所选择的合并战略进行比较和对照，以便更好地了解反垄断法放松规制和传媒集团集中化发展的关系。

第三，历史分析方法。研究美国传媒集团的集中化离不开纵向的考察，所谓“以史为鉴，可以知更替”。现行制度都是在一定的历史条件下逐步演化而来的，美国传媒集团的集中化发展也是一个渐进的过程。而与美国传媒集团集中化研究相关联的美国反垄断法、政府规制等实务和理论都有其历史变化轨迹，观察它们的变化轨迹往往能够给我们理解现行的制度和市场状况提供背景或参照，从而较为深刻地理解美国传媒集团集中化发展的政治、法律和政策环境。

但是，由于本研究需要以传媒产业集中为主线，综合融汇传媒史、经济学、法学等学科的相关知识，对于学科背景比较单一的笔者来说，挑战也是相当大的。尽管在研究中笔者尽力去寻找纷繁复杂的新闻史背后的深层驱动力量，并从经济学和法学的角度予以深度解答，但毕竟综合不同学科视角，同时专注于反垄断背景下美国传媒集中化的研究在国内尚属空白，无论就方法论而言，还是从背景资料的收集方面，都缺少可资借鉴的前人成果，这种探索式的研究不可避免地会有许多不足之处。对于笔者而言，本书仅仅在这方面的研究做了一个开端，至于深入的整合、消化，立足于“为我所用”的进一步研究，尚待笔者更多的努力。

第二章

美国传媒的集中化发展

在实行市场经济的国家，尤其是美国等西方资本主义国家，企业之间的兼并或收购始终是一股不可抵挡的潮流。按照经济发展的规律，企业组织在经历了单人业主制、合伙制和公司制的发展过程之后，必然走向兼并或者并购的道路，继而成为巨型托拉斯和垄断组织，而托拉斯被证明是实现对某一行业控制的最有效的手段。企业通过并购、联合或者直接吸收等方式，实现规模经济意义上的集中化发展，以增强企业的竞争力。集中化发展战略与企业的总体发展目标和多元化的生产是相辅相成的，是世界经济全球化过程中的必然要求和产物。

从早期的报业集团到当代的跨国传媒集团，美国的大众传媒是典型的产业化经营。产业化经营的传媒组织符合一般企业组织的发展规律，在竞争中逐步走向集中化发展。其实，美国新闻事业的发展历程就是一部集中化发展史。

一、传媒集中化成因

20 世纪上半叶是大生产盛行、制造加工厂应运而生和一个国家的产品与另一个国家的产品展开激烈竞争的时代。20 世纪下半叶，一些主要的经济变化影响着传媒行业。50 年代出现了从引发现代工业时代的大机器时代向新的信息时代的转型。随着办公室逐渐代替工厂成为主要的工作场所，集中化的大生产逐步让位于“分散化”和临时性的服务方式。像沃尔玛（Wal – Mart）

这样的连锁店成为美国和世界上最大的个体雇主。

同时，随着社会的经济模式向以信息为支柱的方向转化，市场越发成为强调信息传播和反馈的跨国集团的天下，大生产逐渐转向细分化市场。在20世纪60年代，美国传媒并购的新浪潮开始了，并且催生了八九十年代的全球传媒并购。

这种社会转型是与全球化同步发展的。20世纪90年代中期，由于北美自由贸易协定（NAFTA）、关贸总协定（GATT）的制定和世界贸易组织（WTO）的建立（后者在1995年取代GATT），全球性的大企业打破了经济界限的障碍。跨国传媒公司得以在全世界范围内行销其产品。

20世纪80年代以来，集中化和私有化成为世界传媒业发展的重要趋势。从表面上看，这是各国政府放松规制和传媒自身规模经济发展的要求引发了此种趋势。但细化分析，世界传媒行业的集中化发展趋势是由传媒经济的本质属性所决定的，同时还有经济、法律环境以及传媒技术和市场结构等方面的原因。

1. 传媒经济属性

像其他产业一样，传媒产业一方面既遵循一般企业发展规律，另一方面也有其独特的经济属性和赢利模式。从宏观上讲，传媒经济的本质属性是兼具经济基础和上层建筑的公共产品。作为一个产业化经营的行业，其赢利模式和经营特点必然是经济属性的本质表现，建立在发行量或收视（听）率以及节目品牌基础上的广告投放的主要赢利模式，决定了传媒经济的规模经济和范围经济属性，以及传媒产品的“边际效益递增规律”。新闻传播学的学者们进而把传媒经济形象化，称之为“影响力”经济或者“眼球”经济，即传媒依靠受众喜爱的节目、栏目或文章来吸引其注意力和眼球，扩大发行量或收视（听）率，并形成节目和传媒品牌的影响力，吸引广告商购买广告时段和版面，从而实现赢利。显然，扩大发行量或收视（听）率并形成传媒品牌的影响力，是实现传媒规模经济和范围经济的基础。

规模经济和范围经济的传媒经济属性取决于传媒赢利模式。传媒组织的业绩和行为，即传媒赢利途径，表现为两个方面：直接销售（direct sale）和间接销售（indirect sale）。直接销售指由消费者直接付钱购买传媒产品或服务，如书籍、音乐CD、电影、杂志、有线电视付费服务和计算机网络服务等；间接销售指由广告商购买广告时段或版面来支持某传媒产品，即广告商对某种传媒产品在节目发行量或收视（听）率方面投入的广告费。不同媒介形式的大众传媒都是采用直接销售或者间接销售来赢利的，或者两者兼而有之。书籍（出版）作为最原始的传媒，其赢利模式主要依靠直接销售产品本身，成本和利润分摊在每一本书上；杂志既可以直接销售赢利，也可以依靠细分化和高质量的栏目或者特稿来吸引读者和广告商以赢利；报纸、广播和电视则依赖间接销售获取其大部分收入，发行量或收视（听）率越大，传媒的覆盖率越高，传媒的业绩就越好。

传媒基于间接销售的规模经济和范围经济赢利模式源于报业之间的竞争和并购。换言之，传媒的市场竞争孕育了现代传媒产业的赢利模式和规模经济及范围经济属性。到 19 世纪 20 年代末，继美国政论报纸之后，报纸主要依靠对采写范围的争夺和煽情内容的书写来展开竞争。美国一份报纸平均售价为 6 美分，不是通过街头零售，而是以 10 美元到 12 美元的价格进行年度订阅。由于报纸的年订阅价高于大多数技术工人的周工资，所以报纸读者并不多，报纸发行量也就不大。

随着报纸之间对采写范围和读者的竞争，现代通讯社出现，并形成了早期传媒争夺读者和市场的“三社四边协议”。黄色新闻是新闻发展史上传媒竞争不可逾越的阶段，正是美国报纸竞争和廉价报纸的兴起造就了“黄色新闻”。比如在 19 世纪 90 年代中期，威廉·伦道夫·赫斯特（William Randolph Hearst）的《纽约新闻报》（*New York Journal*）和约瑟夫·普利策（Joseph Pulitzer）的《纽约世界报》（*New York World*）之间便展开了一场黄色新闻大战。

廉价报纸（便士报）的产生是人类传播史上第一次质的飞跃，其意义之一就在于廉价报纸奠定了新闻事业的基础，即现代传媒的赢利模式。1833 年，印刷商本杰明·戴（Benjiamin Day）创办《纽约太阳报》（*New York Sun*）。他第一次将报纸的价格削减到 1 个便士，并取消了订阅报纸的销售方法，把报纸赢利完全押在内容和吸引广告商投资上。虽然《纽约太阳报》（口号是“为人人发光”）主要刊登地方事务、丑闻、故事、名人传记和警方报告等，甚至捏造新闻故事，包括臭名昭著的月球骗局事件，但在 6 个月内，低/零价格《纽约太阳报》就创造了 8 000 份的发行量，是竞争对手发行量的两倍。《纽约先驱报》（*New York Morning Herald*）和《纽约论坛报》（*New York Tribune*）同样取得了成功。于 1835 年创办《纽约先驱报》的詹姆斯·戈登·贝内特（James Gordon Bennett）被认为是美国第一位报业大亨。作为廉价报纸，《纽约先驱报》的贡献在于把报纸从政党报纸中解放出来。它重点报道犯罪、人情世故、道德伦理、政治丑闻、时尚和世俗故事或笑话，也包括书信往来、宗教新闻、戏剧观赏、社会新闻、体育故事，以至后来还刊登内战通讯员的新闻报道。在现代“客观性”新闻之前，贝内特的报纸倡导报道快艇和气球比赛、科学考察以及严重的犯罪故事和性故事。截止到1860年，《纽约先驱报》读者已达到8 000人，一跃成为当时世界上发行量最大的日报。

廉价报纸将头版报道与社论版的政治观点分离，从而在某种程度上把报纸的经济基础从政党津贴转向了市场——广告和街头零售（直接销售）。广告收入和发行量的上升促进了报纸产业的发展。在1830年，美国全国市场上有650家周报和65家日报，读者群为8万人。截止到1840年，全国总计1 140家周报和140家日报，30万读者①。

工业革命不但把大机械化的生产方式融进报业，而且直接促进了昂贵的手工纸张向廉价的机器造纸的转变。而当廉价纸张与日益提高的识字率同时发挥作用的时候，便士报很快就开始与传统的6美分报纸展开竞争。在19世纪20年代，蒸汽印刷机取代机械印刷机，印刷商每小时可以印制4 000份报纸，订阅报纸的销售方法逐渐被沿街兜售所取代。

报纸和新闻产品的市场化，再加上现代技术的运用使报价大幅下降，廉价报纸取得了市场的主导地位，奠定了报业甚至整个大众传媒的产业基础。

西方传媒集团为了实现规模经济和范围经济目标，充分发挥资本运作的优势，实施并购战略及与之匹配的全球化战略、整合营销战略、跨媒体多元化经营战略，对并购传媒进行经营上的战略调整，整合使其成为多元化跨媒体经营的有机组成。索尼公司等跨国公司甚至跨越传媒品牌经营的培育期，直接实施并购战略，把公司打造或者转型为传媒集团。

基于规模经济和范围经济的传媒集团在实施并购战略的同时，拼命在全球拓殖，创立庞大的发行和传播网络，争取更大的节目覆盖率或受众到达率，以便实现传媒经济的“边际效益递增规律”效应。迪士尼公司的一个产品如“白雪公主”或“米老鼠和唐老鸭”，往往复制许多次，借助强大的发行和传播网络，通过书籍、报纸、杂志、广播电视和主题公园等媒体，以几乎零成本的方式来传播和销售，充分发挥了传媒规模经济和范围经济的优势。

传媒属于企业组织，自然要遵循一般企业集中化发展的规律。但传媒产业规模经济和范围经济的属性，及其特有的赢利模式和产品“边际效益递增

---

① Richard Campbell，Christopher R. Martin & Bettina Fabos. *Media & Culture*：*An Introduction to Mass Communication*. BEDFORD/ST. MARTIN'S，2007. p. 275.

规律”等已成为传媒集团实施并购战略的内在主要动因，也构成政府反垄断法“变异”和放松传媒规制的理论起点。

2. 传媒技术

传媒技术始终是传媒产业和社会发展的原动力，无论是反映、传播部落或封建社会农业经济和文化的口头、文字传播阶段，还是大众传播阶段，传媒技术的演进和发展如同社会文明进步，任何新的传媒形式都是对旧有形式的挑战，并不断改写着传媒生态环境和传媒市场。

在中世纪，欧洲处于封建神学的统治下，口头和文字传播的话语权掌握在神甫、帝王和少数社会“精英”手上。而印刷术的发明和应用不但催生了机械化的生产方式，为西方工业革命打下了基础，而且引发了社会结构和社会阶层的变化，为宗教改革和文艺复兴，继而为资产阶级革命作了铺垫。没有古登堡（Johannes Gutenbergs）就没有宗教改革和文艺复兴，也就没有资产阶级革命的适时爆发。“在西欧，印刷机的出现对生活所产生的影响是巨大的……15 世纪末和 16 世纪初，印刷术的扩散撕裂了西欧的社会生活结构，并用新的方式将它重新组合，从而形成了近现代模式的雏形。印刷材料的使用促成了社会、文化、家庭和工业的变革，从而推动了文艺复兴、宗教改革和科学革命。”① 同时，作为变革动因，印刷术促进了廉价报纸的产生，进而推动了现代新闻事业和传媒经营模式的形成。

在电子传播阶段，1840 年电报的发明和应用使社会由大机器为标志的工业社会开始向信息社会转变。作为传播技术，电报对传媒产业的贡献不仅在于通过这项技术把信息传播与通讯分开，使信息可以同步传播，而且电报加快了报纸信息的商品化过程。1860 年电缆穿越大洋铺设后，电报更加便于军事、商业和政治的发展，为后来传播技术的发展奠定了基础，也确立了广播电视、电影、传真机、通讯卫星等强势媒体的位置。

在当今以数字和多媒体为特征的所谓新媒体时代，传媒整合和多元化经营成为趋势，而所谓的整合传播恰好为传媒并购营造了良好的环境。亚马逊网站这个全球第一家数字传媒零售商，以最前卫的互联网媒介形式来销售世界上最古老的大众传媒产品——书籍。而超大规模跨国传媒集团的形成和寡头传媒垄断世界传媒市场，也成为新媒体时代的表征。

---

① ［美］迈克尔·埃默里，埃德温·埃默里．美国新闻史——大众传播媒介解释史．展江译．北京：新华出版社，2001.4

这是一个信息时代，同时也是一个经济全球化的时代，传播技术之发达、传播渠道之便捷和传播信息的“过剩”都达到了前所未有的程度。在信息传播的过程中，传播技术不断变革，进一步促进传媒市场发生结构性的变化。而传媒技术和传媒市场结构的变化又加速了传媒的集中化趋势。

3. 市场结构

在信息化时代，全球化进程的加速和传播技术的发展导致接近完美市场的产生。平等的信息接近权是“虚拟”的完全竞争市场的重要条件之一，如果每个消费者都能够平等地接近信息，就有可能创造出经济学意义上的完美市场。同时，全球化和信息化社会正导致“距离的消亡”，空间和文化意义上的“距离”都因为现代化全球传播系统的出现而大大缩短了。而空间距离的缩短和文化的渗透必然要求以全球性的眼光来看待产品和市场。

20世纪的最后十年，美国传媒行业出现了历史上最大规模的并购浪潮。在克林顿政府推出信息高速公路的“世纪工程”和《电信法》之后，通讯、电子、传媒、文化企业以资本为核心的并购蜂起。这次以传媒业为主的并购浪潮表明，世界经济结构和产业结构正在从传统的工业经济转向以信息的生产和消费为特征的信息经济。随着传播技术和功能的提高，原来的传媒市场结构已经不太适应，促使传媒产业的经营更加综合化和细分化，媒体的集中化发展趋势增强；跨传媒的大型传媒集团的出现，使传媒行业与其他行业之间的传统界限变得模糊了，从此行业之间的交叉、兼并和联合成为传媒业发展的趋势。

4. 经济全球化

20世纪80年代以来，传播手段和传播技术的创新和聚合对全球化进程起到了关键作用，促使“地球村”成为现实。随着经济全球化时代的到来，商业运作方式和市场结构都在发生变化，企业之间的竞争也变得激烈起来。全球范围内的竞争迫使企业以各种创新方式来获取和保持竞争优势，而集中化的发展战略当然成为企业的首选，“收购、兼并或结成联盟成为最有效、花费最少的增长方式的时代到来了”①。

同时，在经济全球化的国际大环境中，国家和民族之间的关系更多涉及的是经济利益之间的分配，涉及公共领域和文化交流的大众传媒正在向一个

---

① ［美］萨尔坦·科马里．信息时代的经济学．姚坤，何卫红译．南京：江苏人民出版社，2000．112

经济产业过渡。传媒所有者逐渐“淡化”意识形态的争辩，把更多的时间用在经济利益的争夺上。经济利益驱使传媒产业的商业属性得到前所未有的强调，甚至张扬，导致报纸、广播、电视放弃固守的新闻理念，不再成为舆论工具或“社会公器”，而是一味地追求煽情主义的“商业生产”，大众传媒日益成为程式化、复制式生产文化产品的文化工业。

传媒的产业属性和规模经营的要求，迫使追逐利润的传媒集团转变组织机构和职能，以集中化的发展方式适应现代化的生产和市场运作。在这样的背景下，20 世纪 80 年代，西方主要资本主义国家纷纷放松规制且实施传媒私有化政策，旨在减少政府的行政干预，更多发挥市场对于传媒的调节作用。

在经济全球化的过程中，各国之间的文化交流和传媒沟通、渗透、并购都在增强，整个国际传播领域呈现出传媒全球化和市场一体化态势。在这样的传媒市场和环境下，跨国传媒集团充分显示了规模经营的优势，它们凭借强大的全球传播网络和雄厚的实力，实施全球化和本土化相结合的战略，具体表现为在全球行销其产品，传媒文本多元化和多语化，消除全球传播的语言瓶颈和障碍；在简单复制文本的基础上，使产品本土化，满足移民或少数族裔的信息知晓权。对并购传媒实行整合之后，充分发挥其本土传播的比较优势，为集团长远战略目标服务。

5. 反垄断法和政府规制的“解法”

20 世纪 70 年代，由于世界经济、政治形势的变化，美国反垄断法的主流观点已经发生转变，更多地采取经济学进路来施法。政府规制经常被认为是资本有效流通的障碍。卡特总统执政时期（1977—1981 年）已经开始“解法”，而大多数商业的监管措施在里根政府（1981—1989 年）时期才大幅度地削减。有时候，企业规制的“解法”会带来严重的后果。但是，在拉动消费的大气候下，很多企业如春笋般纷纷创立。放松规制引发了更多的企业并购，企业多种经营和一些行业（航空、能源、通信和财经等）寡头垄断的趋势增强。[①] 市场效率成为反垄断法关注的焦点，依靠市场竞争形成的结构性垄断似乎超越了被规范的范围，而纵向并购的危害性的取证难等问题，又使得对反垄断的执法变得富有“弹性”。

反垄断法的“变异”为政府放松规制创造了宽松的法律环境。进入 20

---

① David Harvey. *The Condition of Postmodernity*: *An Enquiry into the Origins of Cultural Change*. Oxford: Basil Blackwell, 1989. p. 171.

世纪 80 年代，美国等资本主义国家出现了所谓“放松规制”（deregulation）的趋势，一种放松规制和特殊豁免的精神指导着传播司法走向。政府和联邦通讯委员会减少对传媒内容的审查，取消了不必要的事前约束，代之以法律的约束和经济惩罚的手段；政府的干预让位于市场，用市场机制来代替行政命令对传媒进行调节。美国政府的放松规制，促进了传媒的集中化发展，引发了 80 年代的传媒并购浪潮；而 1996 年美国《电信法》的通过实施和随后的第五次传媒并购浪潮，则代表着美国政府对于传媒集中限制的进一步放松。例如，在 1995 年，尽管有来自 NBC 的抱怨，鲁伯特·默多克（Rupert Murdoch）的澳大利亚公司新闻集团仍然获取了 FCC 和国会的特许政策，允许该公司继续拥有和运作福克斯广播网和许多地方电视台。默多克的决策与第一次世界大战时期制定的政府决策是相背离的，当时，政府由于对外资掌控的所有者有所忌惮，同时限制外国资本对美国广播公司的投资额仅为 20%。

放松规制的同时把传媒经济置于 19 世纪的原则之下，当时的传媒理念认为，市场可以自由地发挥作用，政府很少加以干预。在这样的规制文本之下，美国广播史上富有讽刺意味的事件是：20 世纪 20 年代，商业广播电台要求政府规制来控制技术层面的干预和来自圈外的竞争。然而，截止到 20 世纪 90 年代中期，原始的规制动力已经发生了逆转。由于有线电视频道和网站的进入，广播不再被认为是稀有资源——这一度成为政府规制传媒和政府进行非商业投资和对教育台投资的主要逻辑起点。现在，美国有大约 13 000 台调幅、调频商业和教育电台以及 17 000 家商业甚高频、超高频商业和教育电视台在各大城市运行着。正如迪士尼首席执行官迈克尔·艾斯纳（Michael Eisner）于 1995 年所言：“如果超大规模的传媒集团减弱竞争，那么它是有害的……但是，如果它创造高质量的节目，那么它就是有益的。”而迪士尼主题公园的主题歌正是“这个世界毕竟太小了”（It’s a small world after all）。[①]

传媒领域是涉及公共领域的政府重点规制的行业，其固有的意识形态属性决定了政府不可能完全放开对它的规制。任何国家和利益集团都不会轻易放弃对于传媒及其话语权的掌控，从而让某类传媒产品从社会公共领域和政治生活中隐去。美国反垄断法和联邦通讯委员会对于传媒的集中化总是要加以规范和管理，传媒集团正是在市场机制和政府规制的二元结构中走向集中

---

① Richard Campbell, Christopher R. Martin & Bettina Fabos. *Media & Culture: An Introduction to Mass Communication*. BEDFORD/ST. MARTIN’S, 2007. p. 462.

和规模扩张的。

二、美国报业的集中和竞争

19 世纪的最后 25 年是美国公司法人辉煌的成熟阶段，“在大多数评论家看来，这是公司的时代”①。新兴公司不仅表现在规模上，而且其对经济、社会发展，甚至是国家政治所发挥的作用都有了质的变化。随着美国进入垄断资本主义时期，为了扩大对市场的占有和垄断，许多大型公司开始对同类企业进行横向兼并或者收购。这就是美国历史上第一次并购浪潮，它造就了美国钢铁公司、美国烟草公司和美国橡胶公司等大型的企业。

伴随着美国企业组织的首次兼并和收购浪潮，美国报业也开始了兼并、集中的过程，出现了传媒集团的早期形式——报业集团。正如 1903 年三大报团之一的老板福兰克·孟西所言：“经济上的定律同样适于报纸企业，而且与现代所有企业都相吻合……小企业无论如何不能与大企业竞争。”②

19 世纪末 20 世纪初，美国报业集团的发展态势是高度集中化的“一城一报”现象。当时，美国社会稳定，人口增加，日报的销量持续增加。但是，日报的种类从 1910 年以后不断减少，结果越来越多的日报，在报业的竞争中被兼并，有的城市只剩下一种日报。1910 年，存在日报的城市中 57% 有两家或更多产权独立的竞争性报纸，而到了 1930 年，这个数字降低到 20%。③

美国报团拥有日报的种数、销量不断增加，是报业垄断的又一个明显标志。20 世纪初，美国仅有 8 个报业集团，占当时报纸总数的近 2% 和总发行量的 10%；1935 年，63 个报业集团控制着当时美国的 328 家报纸，占报纸总数的 17% 和总发行量的 41%；1977 年，有关统计表明，美国的 168 个报业集团控制着 1 061 家报纸，占当时报纸总量的 60% 和总发行量的 71%。而到了 90 年代，美国报业集团经过历次兼并重组，最终形成甘尼特报团、奈特—里德报团和时报—镜报报团等超大规模的报业集团，这些报业集团控制的报纸都在上百家，控制着美国 76% 的报纸，占美国报纸总发行量的 83%。④ 表 2

①② ［美］伯纳德·施瓦茨．美国法律史．王军等译．北京：中国政法大学出版社，1997. 147

③ 张隆栋，傅显明．外国新闻事业史简编．北京：中国人民大学出版社，1988. 262

④ http://www.gz.gov.cn/gov/gzskxxzx/xshd/lwj/39.htm

-1 为美国各大传媒集团控制下的发行量最大的报纸。

表 2-1　　美国发行量最大的报纸①

报纸	2004 年发行量（单位：份）（截止 2005 年 3 月 31 日半年内均发行量）
《今日美国》	2 281 831
《华尔街日报》	2 070 498
《纽约时报》	1 136 433
《洛杉矶时报》	907 997
《华盛顿邮报》	751 871
《每日新闻》（纽约）	735 536
《纽约邮报》	678 086
《芝加哥论坛报》	573 744

（资料来源：Audit Bureau of Circulations；*Chicago Sun-Times*，May 3，2005.）

在市场经济条件下，美国报业集团的形成主要是报业自身经营发展的结果，但是，也有政治方面的因素。垄断资本既然掌控着资本主义的国家机器，在意识形态领域就必然会控制报纸这种重要的舆论工具。自由资本主义时期，分散经营、自由竞争的报纸已经不能满足垄断资本统治集团的需要，垄断资本必然要建立起能够适应规模经济发展、有利于其集团利益的垄断报业。

在审视传媒行为时，经济学家观察了传媒运作过程的很多因素，包括节目或产品价格、价格的设定、市场战略和实施规则。如传媒经济学者认定，在许多因不满意而取消订购报纸，从而抵消价格上扬所赚取的利润之前，一家地方报纸能够在多大程度上抬高其每周的报价。

除了遵循一般企业组织发展的经济规律之外，大众传媒遵循特定的运营标准。如为市场引进新技术；使所有的经济阶层都可以获得传媒产品和服务；促进记者作为监督社会罪恶的公共“狗仔”的言论自由和健康的政治讨论；

① Richard Campbell，Christopher R. Martin & Bettina Fabos. *Media & Culture：An Introduction to Mass Communication*. BEDFORD/ST. MARTIN'S，2007. p. 279.

危急时刻的监控作用；充当教育中的正面角色；以及传承文化等。[1]

归根结底，报业竞争是形成报业垄断的原动力。早在19世纪三四十年代的大众化报纸时期，美国报业的竞争就很明显。产生于30年代的“大众化”报纸，是以普通民众为读者对象的“廉价报纸”，是面向平民百姓的便士报，与以前的报纸不同，它真正具有大众化的内涵，可以说是人类新闻发展史上第一次质的飞跃。[2] 1833年9月3日，本杰明·戴出版《纽约太阳报》，1835年5月6日，詹姆斯·戈登·贝内特出版《纽约先驱报》，1841年4月，霍勒斯·格里利创办《纽约论坛报》，亨利·J. 雷蒙德在1851年创办《纽约时报》，这些以商业信息、社会新闻为主要内容诉求的“大众化”报纸给美国的新闻事业带来了一场深刻的变革。这些便士报的先驱们为采集新闻展开激烈的竞争，当然相互之间也有合作，甚至“共谋”。它们不但催生了追求轰动效应的煽情主义新闻理念，而且从中演绎出美国报业市场运作的游戏规则。

报纸的发展由三方面的因素决定：阅读界；通讯系统；生产上的改进。19世纪第二个25年里，所有这三方面的因素都对报刊的发展产生了巨大的影响。[3] 美国的报业在激烈的竞争中兴起。到了1860年，用现代报业的标准来衡量，美国的报业已经具有高度发达的水平，无论是编辑，还是内容都有了很大的改进。

在1865年到1900年间，美国经历了一场影响到社会生活各个方面的革命，如火如荼的工业化、机械化和城市化的新生力量使美国的社会、文化和政治等国家生活的各个方面发生了巨大的变化。美国的新闻事业也经历了这样的变革，以“90年代的分水岭”为标志，进入了“新式新闻事业”时期。随着日报步入成熟期和晚报的兴起，美国报纸之间的竞争突破了狭窄的“采集新闻”的范畴，以约瑟夫·普利策创办的《纽约世界报》为代表的现代化大报更加注重报业的经营管理，现代化的报业集团开始出现，报纸之间的竞争和报业集中呈现出新的特点。1887年，美国报纸发行人协会（ANPA）成立，由此表明经营管理对于美国现代化报业的重要性。

1910年到1930年间，报业的发展奠定了20世纪美国新闻事业的模式。经过20年代末的并购浪潮后，报纸所有权集中了，报业集团相继成立，形成

---

① http：//www. gz. gov. cn/gov/gzskxxzx/xshd/lwj/39. htm

② 程曼丽. 论百年新闻传播史上的两次飞跃. 国际新闻界，2000（6）

③ ［美］埃德温·埃默里，迈克尔·埃默里. 美国新闻史——报业与政治、经济和社会潮流的关系. 苏金琥等译. 北京：新华出版社，1982. 186

了大型报业集团瓜分市场的寡头垄断局面。在20年的时间内，美国有1 391家日报停刊或改为周刊，另外362家与竞争对手合并。其实，美国报业的“集团化”经营早在1794年就开始了。当年，美国费城一家名为“费城印刷商公司”的集团合并了该市两家日报，成为美国历史上最早的传媒横向合并案。1836年到1837年，宾夕法尼亚州费城的《公众记录报》和《巴尔的摩太阳报》合并，由此，美国第一家跨地区的报业集团成立。20世纪20年代末，赫斯特和斯克里普斯—霍华德是当时美国最大的两个报业集团，它们也展开兼并活动。从1918年到1928年，赫斯特报业集团进行集中购买，扼杀了16家报纸；在1923年到1942年期间，斯克里普斯—霍华德报业集团也造成15家报纸倒闭。①

从20世纪30年代至90年代，由于经济萧条和战争对报纸的影响，从整体上来看，日报种类的数量是稳定的。到了80年代，由于所有权集中程度的增加，报纸的种类逐渐减少，城市实际上已经消失了有日报竞争的局面。

由于报业竞争和垄断，报纸新闻采写的路径（手段、方法）和体裁也经历了一个演变过程。从某种意义上讲，报纸采写手法的日臻科学、完善和丰富是报业激烈竞争的结果。

从1690年9月25日北美大陆（波士顿）的第一份报纸《国内外公众纪事》到19世纪末的美国报纸，美国报业经历了政治商业性报纸、便士报和黄色新闻报纸时期。到19世纪90年代，两种截然不同的新闻编辑理念在争夺读者：在黄色新闻报纸所创造的新闻故事型和廉价报纸所倡导的信息传播型中，前者强调对重大的新闻事件进行戏剧性的报道，后者强调对事实的细节描述。而随着20世纪初《纽约时报》客观性新闻内涵的影响，新闻行业规范和媒介经营模式逐步形成，现代新闻业兴起；解释性报道于20世纪二三十年代出现，它提高了新闻报道的专业水平；随后，文学新闻学（新新闻学）繁荣起来，当代新闻报道的发展路径呈现出多元化形态。

黄色新闻是新闻发展史上不可逾越的阶段。美国便士报的兴起和报纸竞争使19世纪末的“黄色新闻”成为一种潮流。黄色新闻主要刊登令人刺激的犯罪、灾难、丑闻和性新闻，并采用耸人听闻的故事形式进行报道；报纸重在赢利，采用冲击力强的大标题和便于阅读的灵活版式。19世纪90年代

---

① ［美］迈克尔·埃默里，埃德温·埃默里．美国新闻史——大众传播媒介解释史．展江译．北京：新华出版社，2001. 336～340

中期，赫斯特《纽约新闻报》（*New York Journal*）和约瑟夫·普利策《纽约世界报》（*New York World*）之间展开了一场黄色新闻大战。这场争夺催生了美国报业史上第一个流行卡通漫画“黄孩儿”（Yellow Kid）［艺术家 R. F. 奥特考尔特（R. F. Outcault）于 1895 年创作］，这在赫斯特和普利策的报纸之间争夺读者的残酷竞争中被交叉使用。①

阿道夫·奥克斯（Adolph Ochs）提出与黄色新闻截然相反的新闻理念：采用只报道事实的“倒金字塔式”结构，为商人提供股票和不动产报告，为专业司法人员提供法庭报告，为政治领导人提供条例公文摘要的一种信息性质的报纸。奥克斯的《纽约时报》的广告口号是“我们的报纸绝不会弄脏餐巾”。②

在 20 世纪初，记者们采用科学的新闻报道方法，即客观的“倒金字塔式”结构。这种新闻报道方法将事实报道与观点评论区分开来，记者们努力对报道的事件和议题保持中立态度，在新闻故事的来源中搜寻平衡性的观点。“倒金字塔式”结构的新闻报道剔除了副词和形容词，以最具爆炸性和新闻价值的信息开头，在“倒金字塔”的顶端，即消息的开头回答诸如“谁、何事、何地、何时（有时也包括为什么和如何）”等，然后是底部不太重要的细节。在 20 世纪大部分时间里，“倒金字塔式”结构成为新闻报道的主流方式，而新闻的客观性成为现代报纸的指导性理念。

20 世纪三四十年代，随着当代世界变得日益复杂，客观公正的“倒金字塔式”结构的报道模式不足以解释复杂的国际形势和社会变化。有些报纸秉承早期政论报纸的传统，重新探索新闻解释和分析社会现实的功能，解释性新闻报道由此应运而生，它试图在一个广阔的历史或社会语境下解释社会话题。

20 世纪 60 年代末，记者和编辑开始重新思考传统新闻学的架构。他们采用多种技巧和方法来替代旧有的路径，其中之一就是倡导式新闻，即记者极力引导某一观点的报道方法。

继承美国历史上“扒粪”运动的传统，《华盛顿邮报》记者鲍勃·伍德沃德（Bob Woodward）与卡尔·伯恩斯坦（Karl Bernstein）关于“水门事

---

① Richard Campbell，Christopher R. Martin & Bettina Fabos. *Media & Culture*：*An Introduction to Mass Communication*. BEDFORD/ST. MARTIN'S，2007. p. 277.

② Richard Campbell，Christopher R. Martin & Bettina Fabos. *Media & Culture*：*An Introduction to Mass Communication*. BEDFORD/ST. MARTIN'S，2007. p. 279.

件”的报道，导致美国总统尼克松黯然辞职，举世震惊。“水门事件”报道掀起了传媒以调查性报道为主要形式的“揭丑”高潮。此后，调查性新闻报道盛极一时。

精确新闻报道是试图把新闻推向科学导向的一种报道方法。遵奉精确报道的记者们认为，只有应用诸如问卷调查和民意测验等更加严密的社会科学方法，才能真实有效地描述社会现实。

20世纪60年代，很多记者和作家都转向文学新闻学（新新闻学）。由于对讲故事的新闻报道逐渐让位于诸如“倒金字塔”和事实与观点分离的传统路径不满，他们开始探索与新闻故事相关的报道方式，把故事性虚构技巧应用到非虚构的新闻材料和深度报道中。这种报道方式叫文学新闻学，也称新新闻学。文学新闻学把所报道的内容与文学形式结合起来，创造了“客观真实的新闻学”和“主观现实的新闻学”。在美国，新新闻学最早可以追溯到马克·吐温（Mark Twain）、T. 德莱塞（Theodore Dreiser）等小说家身上。[①]

后现代报业源于20世纪80年代初报业的两种态势。首先是电子报的发展。1980年，《哥伦比亚快报》（*Columbus Dispatch*）成为第一家上网并通过计算机和电缆传输其版面的报纸。截止到2001年，有1 300多家美国报纸提供了计算机化的新闻服务。其次，1982年，《今日美国》（*USA Today*）彩色版报纸的问世，从根本上改变了多数美国报纸的面貌。

今天，美国报纸主要包括全国性报纸（《华尔街日报》、《纽约时报》、《基督教科学箴言报》和《今日美国》等）和地方性报纸、少数族裔和反对党报纸、移民报纸、非洲美国人报纸、西班牙语报纸、本土美国报纸、地下报刊等。在报道方式上，记者经常把新闻话题或故事划分为两个纬度，使一个观点或人物与另外一个形成对抗，即“讲述故事的两个方面”，便于记者以客观中立的观察者的立场来报道新闻。[②]

在新的传媒生态环境下，现代报纸的权威性正在被信息、娱乐、宣传和分析相融合的“新新闻形式”所取代和超越。诸如《纽约时报》、《华盛顿邮报》等知名日报的新闻权威性受到谈话秀、电视系列幽默剧、流行电影和打击乐等所谓“新闻”的挑战。换言之，我们正在经历主要依靠书籍、报纸和

---

① Richard Campbell, Christopher R. Martin & Bettina Fabos. *Media & Culture*: *An Introduction to Mass Communication*. BEDFORD/ST. MARTIN'S, 2007. p. 283.

② Richard Campbell, Christopher R. Martin & Bettina Fabos. *Media & Culture*: *An Introduction to Mass Communication*. BEDFORD/ST. MARTIN'S, 2007. pp. 286 – 291.

杂志传承知识向印刷、音像、电子和数字技术信息混合支配转变的社会转型期。

可见，美国报业自始至终都表现出竞争和集中化的趋势。集中是一种世界性的现象。对于报纸的地方性竞争减少、所有权越来越集中的原因，联合国国际交流委员会编写的报告《多种声音，一个世界》归结为以下 13 种因素：①市场经济的基本趋势；②为政府当局所需要的新闻产品、信息和内容的划一化趋向；③出版和发行方式的技术变革所产生的经济压力；④由流通和广告收入的竞争所带来的压力；⑤各种交流工具间的竞争；⑥一般“精神产品”的千篇一律；⑦某种报纸缺乏经济和社会需求；⑧生产成本的提高和广告收入的减少；⑨有计划地整顿报纸；⑩行政安排、财政刺激和税收政策抑制了独立企业；⑪管理上的缺点；⑫通货膨胀和普遍性的衰退；⑬私营和国有企业都缺乏新的创造精神及新的资金。[①]

美国报业的性质是私人利益集团，对利润率的追逐是美国报业集中的主要促成因素。而美国报业竞争和垄断具有一般企业组织竞争垄断的共同周期：竞争（扩大市场）——竞争中的合作、联盟、共谋（固定价格、控制市场）或兼并——新一轮的竞争和并购……

三、美国杂志的竞争和集中

当 20 世纪 50 年代初电视兴起的时候，很多评论家都预言了杂志行业的倒闭。但是，像广播行业一样，杂志在适应媒介环境变化方面显示出惊人的弹性。截止到 2005 年，美国每年有 480 种诸如《幸运》的消费者类杂志创办。作为最早的全国性大众媒介，杂志以其内容、读者和市场的高度细分和不断引入新技术来适应传媒环境，在竞争中形成独特的比较优势（见表 2－2）。从杂志诞生到多元化的新媒体时代，杂志竞争和并购始终伴随着传媒集团集中化的过程。

---

① 张隆栋，傅显明．外国新闻事业史简编．北京：中国人民大学出版社，1988. 207

表 2－2　美国发行量最大的 10 种杂志（零售发行量排名，1972 年/2005 年）①

1972 年		2005 年	
排名/出版物	发行量（单位：本）	排名/出版物	发行量（单位：本）
1.《读者文摘》	17 827 661	1.《AARP 杂志》	22 668 583
2.《电视指南》	16 410 858	2.《AARP 公报》	22 103 758
3.《当代妇女》	8 191 731	3.《读者文摘》	10 155 054
4.《家居园艺》	7 996 050	4.《电视指南》	9 015 866
5.《家族》	7 889 587	5.《家居园艺》	7 627 256
6.《麦考尔》	7 516 960	6.《国家地理》	5 471 803
7.《国家地理》	7 260 179	7.《好管家》	4 631 527
8.《妇女家庭杂志》	7 014 251	8.《家族》	4 252 730
9.《花花公子》	6 400 573	9.《当代妇女》	4 130 507
10.《好管家》	5 801 446	10.《妇女家庭杂志》	4 114 353

（资料来源：Magazine Publishers of America，http：//www. magazine. org. ）

安德鲁·布拉德福德（Andrew Bradford）的《美国杂志——英国殖民地政治地位每月观察》（*American Magazine*：*A Monthly View of the Political State of the British Colonies*）和本·弗兰克林（Ben Franklin）的《大众杂志和历史记录》（*General Magazine*）作为美国第一批殖民地杂志于 1741 年出现在费城。布拉德福德的杂志只出版了 3 期，因为它面临着弗兰克林代替布拉德福德担任费城邮政局长之后人为造成的邮递困难。弗兰克林无须支付高额的邮费，而对其他杂志征收邮费，但是，6 个月之后，弗兰克林的杂志也停刊了。随后，大批杂志在其他殖民地出现。

美国早期杂志的成长是稳定而缓慢的。杂志发行成本很高，因为杂志极大地增加了邮递重量，有些邮递员甚至拒绝邮递杂志。截止到 1825 年，美国大约有 100 种杂志，杂志内容仍然是从书籍或报纸中摘录的，主要是关于地

① Richard Campbell，Christopher R. Martin & Bettina Fabos. *Media & Culture*：*An Introduction to Mass Communication*. BEDFORD/ST. MARTIN'S，2007. p. 315.

方议题、政府活动和政治观点等特稿。虽然杂志刊登一些广告，但因为发行量小，所以广告的收入来源并不稳定。

随着识字率和公共教育的提高，以及19世纪中叶印刷技术的迅速发展，像《星期六晚邮报》这样全国性的杂志逐步建立起来。铁路运输的改善也使杂志和其他消费品可以便捷地从一个城市运往另一个城市。截止到1850年，美国有近600种杂志出版，虽然大多数杂志存活期不到一年。"它们如雨后春笋般抽芽，长出象征着希望和繁荣的嫩叶，在短暂的时间内绽放出鲜艳的花朵……然后，变成死寂的秋霜，以账单和债务的形式走向死亡……这个国家期刊的平均寿命为6个月。"①虽然美国早期杂志在当时特定的传媒环境下寿命都很短，但杂志产业作为第一种全国性媒介的地位逐渐确立起来。

1890年，美国杂志数量达到4 500种，出版商在1895年到1905年之间共创办近7 500种杂志。但杂志的失败率很高，其中一半的杂志夭折或者与其他杂志合并。② 杂志数目增长和读者增多的部分原因是1879年《邮政法》（*the Postal Act*）的颁布，《邮政法》允许杂志以平等的报纸邮费来邮递。

较低的邮费和更好的铁路运输、现代技术降低了杂志的生产成本和发行成本，杂志零售价格大幅度降低。截止到19世纪末，大规模印刷、传输系统、生产线和快速印刷机使大发行量的全国性杂志出现。③ 截止到1905年，美国约有25种全国性杂志，从西海岸到东海岸成千上万的读者都可以阅读到这些杂志。④

随着全国性杂志发行量的飙升，杂志广告版面开始走俏。《哈波斯》在19世纪80年代中期只有7个广告页码，到1900年多达90个页码。广告商越来越多地使用杂志来吸引消费者的注意力，并借此建立全国性市场。杂货店、超市和百货商店的疯狂增加也为杂志销售提供了新场所。

世纪之交，在从农场向工厂转移的社会变革中，成千上万的美国人和新

---

① Sammye Johnson & Patricia Prijatel. *The Magazine From Cover to Cover*: *Inside A Dynamic Industry*. NTC Publishing Group, 1999. p. 45.

② John Tebbel & Mary Ellen Zuckerman. *The Magazines in America*, 1741 – 1900. New York: Oxford University Press, 1991. p. 68.

③ Theodore Peterson. *Magazines in the Twentieth Century*. Urbana: University of Illinois Press, 1964. p. 5.

④ Richard Ohmann. *Selling Culture*: *Magazines*, *Markets*, *and Class at the Turn of the Century*. New York: Verso, 1996.

移民涌向城市，社会逐渐复杂起来。美国杂志充分发挥其比较优势，以犀利的特稿抨击社会不良现象和丑闻，积极参与社会改革运动。在19世纪90年代初，《妇女家庭杂志》反对不符合规定制药（通常含有近50%的酒精）的系列报道，引发了杂志反对假药、恶劣的居住和生活条件以及各类食品行业不符合卫生标准的运动；1902年，《麦克卢尔》（*McClure's*）（1893—1933）刊登有关商业垄断、人身保险欺诈、政府的政治欺骗和劳动工人阶层的问题等系列深度报道，揭开了调查性报道"黑幕"揭发（"扒粪"）运动的序幕，以致后来西奥多·罗斯福（Theodore Roosevelt）总统把艾达·塔贝尔（Ida Tarbell）、雷·斯坦纳德·贝克（Ray Stannard Baker）和弗兰克·诺里斯（Frank Norris）、林肯·斯蒂芬斯（Lincoln Steffens）等"扒粪"运动的领军人物戏称为"扒粪者"。黑幕揭发运动的鼎盛期一直持续到20世纪的第一个年代。

兴盛于20世纪20年代至50年代的大众杂志成功的关键是图片新闻的主导影响——使用照片来记录日常生活的轨迹和节奏。从此，杂志成为最受欢迎的媒介之一。第一个成功的大众杂志是《星期六晚邮报》，而发行量最大的大众杂志是德维特·华莱士（Dewitt Wallace）和莱拉·艾奇逊·华莱士（Lila Acheson Wallace）于1922年创刊的《读者文摘》。《时代》（1923）、《新闻周刊》（*Newsweek*）（1933）和《美国新闻与世界报道》（*U. S. News & World Report*）（1948）三大新闻周刊也取得了成功。在20世纪20年代，大约五十五种杂志归属大众杂志的范畴。截止到1946年，一百多种大众杂志与广播网开始在全国范围内争夺受众。

在20世纪70年代初，大众杂志《生活》和《瞭望》的发行量达到顶峰。但此后，这两本杂志的发行量急剧下降，它们的衰落不仅是媒介史上一个主要的经济转变，而且也是转向电子导向文化的一个关键时刻。

《电视指南》从20世纪50年代开始一直被列为全国最受欢迎的杂志。《电视指南》成功的故事证明了杂志行业的几个主要倾向。首先，《电视指南》利用美国人对于电视的兴趣成为一本非常成功的杂志。其次，《电视指南》证实了全国现购系统的销售威力，而这个现购系统也保持了女性杂志和超级市场中售卖的小报的高发行量。最后，杂志也像其他媒介一样面临着同样的挑战——大型传媒集团正在实施收购小型媒介组织和利用一种媒介来提升另一种媒介的战略。

然而，随着来自报纸的电视增刊和成千上万新杂志的激烈竞争，在20世纪80年代，《电视指南》的名气和发行量开始下滑。在1988年，鲁伯特·默多克收购了三角出版公司和《电视指南》。新闻集团购买《电视指南》旨在保证羽毛未丰的广播网会有自己的一个节目单。到20世纪90年代中期，福克斯广播网利用《电视指南》在杂志的115个地区版中推销广播网的节目。

作为细分化服务媒介，《电视指南》的崛起正好与曾经支配整个杂志产业达30年之久的大众杂志的衰落同步并行。1956年，《柯里尔》（创办于1888年）和《妇女家庭之友》（*Woman's Home Companion*）（创办于1873年）两本杂志都倒闭了。1969年，《星期六晚邮报》倒闭，1971年《瞭望》倒闭，1972年《生活》倒闭。著名大众杂志倒闭的原因是复杂的。首先，发行成本和制作成本（尤其是纸张）都在提高。其次，这些大众杂志仍然更多地依赖订阅而不是超级市场和报摊销售。而且，邮费的急剧增长对于大规格出版物（比大多数杂志8英寸×10.5英寸标准大的杂志）的负面影响尤其明显。①

以性别为基础的杂志是很有市场的，而以女性为内容主体的杂志则成为这类杂志的主要经济支柱。《家居园艺》、《好管家》、《妇女家庭杂志》、《家族》、《当代妇女》和《麦考尔》（*McCall*，现在叫*Rosie*）等多年来一直都是排名前12位的杂志，到2002年，这些杂志的发行量从400万到760万不等。由休·赫夫纳（Hugh Hefner）于1953年创办的《花花公子》（*Playboy*）动摇了第二次世界大战之前美国传统的价值观，并强调20世纪50年代电视节目中所禁忌的话题或禁区。杂志创刊号刊登了一幅女演员玛莉莲·梦露（Marilyn Monor）裸体的复制日历，以及对于抚养金和淘金妇女抨击的文章，结果创刊号卖出了5万多本。②

20世纪50年代，广播、电影和杂志处于遭遇电视挑战下的十字路口。三种媒介按照各自的发展路径，分别向细分化的方向转变。广播朝着年老和年轻听众的模式发展，面向摇滚痴迷者和古典音乐的爱好者；电影制作商聚焦于作为家庭媒介的电视节目限制之外的更多成人话题。媒介市场变革也有助于杂志产业朝着一个新时代发展：按地区和人口分布进行编辑，杂志细分后的目标受众更多地瞄向老年人、年轻人和网球爱好者等。

---

① Richard Campbell, Christopher R. Martin & Bettina Fabos. *Media & Culture: An Introduction to Mass Communication*. BEDFORD/ST. MARTIN'S, 2007. pp. 318－321.

② Richard Campbell, Christopher R. Martin & Bettina Fabos. *Media & Culture: An Introduction to Mass Communication*. BEDFORD/ST. MARTIN'S, 2007. pp. 324－325.

电视时代不但催生了《电视指南》，而且孕育了很多细分化的休闲杂志。《体育画报》（*Sports Illustrated*）和《肥皂剧文摘》（*Soap Opera Digest*）等杂志的执行者们为肥皂剧、跑步、网球、高尔夫、狩猎、缝纫、古玩、冲浪和动画游戏等爱好者设立了多种细分化杂志。在1992年和1993年，出版商们认为美国日益增长的人均寿命和增多的退休人员是一种有利可图的资本，就创办了近30多种旅游杂志。《发现》（*Discover*）、《史密森尼》（*Smithsonian*）、《三A旅游胜地》（*AAA Going Places*）、《旅游和休闲》（*Travel and Leisure*）和《康德纳斯特旅行者》等期刊均名列美国前200位顶级杂志。其中最成功的是《国家地理》（*National Geographic*）。

20世纪发行量最大的"精英"杂志当属创立于1925年的《纽约客》（*The New Yorker*）。它是以全国大批受众为目标读者的第一本城市杂志。"《纽约客》不是为迪比克（Dubuque）的老妇人编辑的杂志，也不是关于她们所思所想的杂志。"①

截止到20世纪八九十年代，文化少数族裔（cultural minority）杂志纷纷创办。《倡导者》（*Advocate*）创办于1967年，是一份12页的有关同性恋话题的新闻信。1945年，非洲籍美国人杂志出版商约翰·H. 约翰森（John H. Johnson）创办《黑人文摘》（*Negro Digest*），其发行量超过10万份，约翰森及其编辑团队还创办《黑檀》（*Ebony*）和《黑玉》（*Jet*）。随着西班牙人口和移民的增加，诉求于西班牙语言读者的《时尚—西班牙语版》（*Cosmopolitan en Espanol*）、《哈波斯时尚—西班牙语版》（*Harper's Bazaar en Espanol*）等杂志迅速发展。②

大多数印刷杂志都设有网络版，网络版杂志提供在线新闻故事，同时鼓励读者订购或在报摊购买杂志。万维网也为杂志发行问题提供了解决途径。诸如《沙龙》（*Salon*）、《抨击》（*Slate*）等网络杂志已经使网络成为一个报道突发新闻、探讨文化和政治话题的合法场所。截止到2002年，《沙龙》的读者大约为270万。1998年，ESPN有线体育网络创办了《ESPN杂志》（*ESPN The Magazine*），而雅虎（Yahoo）作为最受欢迎的门户网站，把杂志的名

---

① John Tebbel. *The American Magazine*: *A Compact History*. New York: Hawthorn Books, 1969. p. 234.

② Richard Campbell, Christopher R. Martin & Bettina Fabos. *Media & Culture*: *An Introduction to Mass Communication*. BEDFORD/ST. MARTIN'S, 2007. pp. 330–331.

称注册为《雅虎网络生活》(*Yahoo! Internet Life*)。[①]

在传媒并购浪潮中，米拉麦克斯影业公司（Miramax Films）和赫斯特杂志集团（Hearst Magazines）于 1999 年联合创办了谈话秀媒介公司（Talk Media），出版《谈话》杂志（*Talk*）[一本与《名利场》（*Vanity Fair*）杂志展开竞争的充斥着名人报道的大众杂志]，同时制作电视节目并出版书籍。《谈话》杂志的部分交叉市场包括为米拉麦克斯影业公司家庭录像的开始阶段做杂志商业广告。出版商也创办了白昼电视节目和杂志的联合形式。媒介巨头玛萨—斯图尔特公司通过辛迪加电视节目，以及广播节目、报纸栏目和网站使其属下全国排行前 25 名的杂志《玛萨·斯图尔特》（*Martha Stewart Living*）得以提高其排名。无独有偶，奥普拉·温弗里的谈话秀节目和其他媒介组织也为《奥普拉杂志》(*The Oprah Magazine*) 提供了持续的支持和新的订购者。

正如在有线电视行业一样，莫蒂默·朱克曼（Mortimer Zuckerman）[《大西洋月刊》(*Atlantic Monthly*) 和《美国新闻与世界报道》(*U. S. News & World Report*)]、梅雷迪斯出版公司（Meredith Publishing Company）、赫斯特公司（The Hearst Corporation）、康德纳斯特集团等 64 家杂志集团支配着整个杂志行业。杂志所有权的多样化程度比其他大众媒介所有权的多样化程度高，在市场上传播的杂志比广播或有线电视频道要多。因为杂志是按周、月或双月来发行的，它们很少受到日报或晚间新闻广播截稿时间的限制或约束。这样，杂志通常能够比其他传媒提供更多关于社会的分析和洞察。而且，杂志保持了读者与文字的联系，在日益增强的电子和数字媒介文化中维持着重要角色。

四、电子传媒的竞争和垄断

20 世纪，人类创造了电影、广播、电视和互联网四大传媒，极大地推动了社会文明的进步和社会结构的转变，使整个传媒行业的结构发生了质的变化。传媒技术的革新是传媒产业发展的动力之一，美国在传媒技术发明和传媒产业发展方面一直引领世界潮流。而且，美国电子传媒行业在一开始就存在着激烈的竞争和垄断。

---

① Richard Campbell, Christopher R. Martin & Bettina Fabos. *Media & Culture: An Introduction to Mass Communication*. BEDFORD/ST. MARTIN'S, 2007. p. 333.

19世纪末20世纪初，随着电影制作和放映技术的应用和成熟，电影作为一种商业形式出现。美国的电影市场一开始就充满着竞争和垄断。1909年，美国16家专利公司联合成立了“电影专利公司”，垄断了从制作到发行、放映的电影产销流程。在竞争中形成的派拉蒙电影公司处于市场的有利地位，它从纽约迁到洛杉矶，形成了今天的好莱坞。鉴于“电影专利公司”对于当时电影市场的垄断，1917年，美国政府解散了“电影专利公司”。在20世纪30年代，7家公司垄断了整个电影制造业：米高梅影片公司（MGM）、派拉蒙公司、华纳兄弟公司、雷电华影片公司（RKO）、环球公司、哥伦比亚公司和20世纪福克斯公司。[①] 传媒技术的革新往往是引发传媒领域新一轮竞争和垄断的导火索，随着广播、电视等电子传媒的发明和应用，这些具有垄断力的公司和其他传媒公司相互竞争、融合，形成了今天美国广播产业的基本结构。

美国无线电广播事业的发展得益于通信和电气制造业中的大公司——美国电话电报公司、威斯汀豪斯公司和通用电气公司，而电台的发展意味着这些公司的产品和服务有了更大的市场和销路。截止到1921年，威斯汀豪斯公司在纽约、芝加哥、费城和波士顿设立了电台；通用电气公司在纽约州的斯克内克塔迪建立了功率强大的WGY电台；美国电话电报公司在纽约市建立了红色广播网WEAF（WNBC）。其实，早在1919年，这三家公司就联合成立了美国无线电公司（RCA）。以美国无线电公司主管戴维·萨尔诺夫（Pavid Sarnoff）为代表的创业者进入广播领域，打破了美国电话电报公司对一流电台的控制。

1926年，WEAF卖给了美国无线电公司，美国电话电报公司、通用电气公司和威斯汀豪斯公司随即合资成立了全国广播公司（NBC）作为美国无线电公司的子公司。从1926年11月15日开张到1927年1月，全国广播公司经营着两个广播网——以WEAF为旗舰的红色网和以WJZ为首的蓝色网。1930年，联邦政府提起了一次反垄断诉讼，要求通用电气公司和威斯汀豪斯公司放弃在美国无线电公司的股份。联邦通讯委员会迫使全国广播公司卖掉了蓝色广播网，于是蓝色广播网于1945年改名为美国广播公司（ABC）。1927年成立的联合独立广播业者公司，购买了哥伦比亚留声机广播公司的股

---

① 胡正荣．外国媒介集团研究．北京：北京广播学院出版社，2003. 19～20

票，将这家销售公司改名为哥伦比亚广播公司（CBS）。[①] 从此，美国的广播市场形成了全国广播公司、美国广播公司和哥伦比亚广播公司三大广播公司分割市场的局面。

1939 年 4 月 30 日，主题为“明天的世界”的世界博览会在纽约举行。戴维·沙诺夫站在电视摄像机前为 RCA 的展览致词；随后，富兰克林·罗斯福成为第一个被电视转播的总统。从此，正像沙诺夫所预言的那样，电视作为一种新兴的大众传媒，“一种新的艺术，它的意义是如此的重要，以至于必定影响到整个社会”[②]。

电视媒体以其声像并茂的特点，使美国的电视业在经历了 1948 年“冻结”期以后迅速进入发展的“黄金”时期，到 1952 年，电视已经在美国市场上获得了强势媒体的地位。全国广播公司、美国广播公司和哥伦比亚广播公司三大广播网迅速扩展，到 20 世纪 50 年代末，86% 的美国家庭拥有电视机。全国广播公司和哥伦比亚广播公司力争增加其附属台的数目，后起的美国广播公司也不甘示弱，紧随其后，形成三大寡头电视网“垄断”美国电视市场的不完全竞争的市场格局。

自从广播传媒发现之后，美国广播节目的整个制作、发行过程都以商业服务为背景。美国广播是市场的工具，广播的声音其实是在推销货架上的商品。这已经成为广播的批评者最热衷谈论的话题之一。1922 年，当全国广播公司的红色广播网在纽约播送第一条广告信息的时候，商业广告就开始成为无线电经营的收入来源，而商业广告必须为国家的广播和电视媒体支付广告费。从此，广播电视的收入来自希望以其产品或者服务诉求潜在消费者的商界；商界的广告主缴纳“中介费”使其商业信息传播到广大的受众当中。每一类媒体都必须辨明其广告投放的特殊要求，提供不同途径来吸引广大受众中不同阶层的消费者，而且提供广播、电视节目或者有线频道可以到达的目标受众中最理想的人口分布统计数据和心理剖面分析表。美国公众、联邦政府、广播电台和商业社区都称赞这种广告支持的广播体制。尽管存在对这种倾向于商业市场导向的广播体制的批评，但几十年来，普通大众仍然接受美国商业广播和电视的这一基本框架。[③]

---

① ［美］迈克尔·埃默里，埃德温·埃默里．美国新闻史——大众传播媒介解释史．展江译．北京：新华出版社，2001. 315 ~ 318

② 陈犀禾．当代美国电视．上海：复旦大学出版社，1998. 2

③ 王海．反垄断背景下美国寡头传媒与 FCC 的博弈．国际新闻界，2003（5）

20世纪40年代末电视正常播放，三大“寡头”电视网开始支配电视市场，经过几十年的发展，虽然有来自有线电视和付费电视方面的竞争，同时还有福克斯广播公司电视网和联合派拉蒙电视网（UPN）以及华纳兄弟电视网（WB）的进入，主要电视网仍然处于不完全竞争传媒市场的垄断地位。八九十年代的媒体并购浪潮之后，三大电视网与后来进入电视领域的广播网重新划分市场。美国联邦通讯委员会提供的广播电视传媒业目前的市场分割情况如下①：

（1）美国共有1 340家商业电视台；

（2）哥伦比亚广播公司控制39家电视台；

（3）福克斯电视网控制37家电视台；

（4）全国广播公司拥有29家电视台；

（5）美国广播公司拥有10家电视台；

（6）哥伦比亚广播公司、福克斯电视网和全国广播公司都接近于原来规定的全国观众覆盖面不超过35%的最高限度（现在这一规定已经过时，新规定的最高限度是45%）；

（7）美国广播公司在全国拥有26%的观众覆盖面。

20世纪50年代到80年代，虽然美国原有的三大电视网ABC、CBS和NBC形成了对黄金时段节目的垄断，而来自有线电视和电信行业的竞争改变了广播电视市场格局。在第四次企业并购浪潮中，美国政府允许GE于1985年重新购买RCA作为其NBC广播网的组成部分。在1996年，微软公司（Microsoft）合并NBC并创办了CNN的竞争对手MSNBC——一个有线电视和互联网都可以接收的24小时互动新闻频道。

美国广播电视行业的激烈竞争和集中化迎来了以传媒并购为特点的世界第五次企业并购浪潮。世界上最大的传媒并购案是1995年迪士尼对ABC的收购，迪士尼支付了190亿美元。为了保持世界上最大传媒公司的地位，时代华纳（Time Warner）于1995年以75亿美元的价格购买了特纳广播公司（Turner Broadcasting）。在2001年，传媒史上最大的交易案是时代华纳与美国在线的合并，总价值超过1 600亿美元。一年后，美国联邦政府批准AT&T有线电视公司与Comcast价值720亿美元的合并，从而打造出强过竞争对手规模两倍的有线电视公司。

---

① 美最终通过传媒改革新规则．参考消息，2003-06-02

美国政府清醒地认识到传媒行业的规模经济和范围经济属性，进而从法律、规制等层面为传媒并购创造更有利的媒介环境。1996 年，美国政府颁布的《电信法》（*The Telecommunication Act of* 1996）取缔了关于一家公司能够拥有的广播电台和电视台最多数量的限制。该法进一步鼓励众所周知的 Baby Bells 七强地区电话公司进入有线电视行业。另外，有线电视运营商不但重新获得了提高有线电视费用而不受政府监管的权利，而且被授予同地方电话业务进行竞争的权利（虽然高进入门槛把有线电视运营商排除在电话行业之外）。新的竞争将在一段时间内降低消费者的价格，但也将鼓励更多的企业并购，这样最终将形成控制电话和有线电视行业的寡头垄断。实际上，1999 年，AT&T 对于有线电视巨头 TCI 的购买及随后 AT&T 旗下 Comcast 的并购活动预示着一个阶段的到来：一家超大规模的集团能够控制进入家庭的大多数有线电视，而且支配着电话和有线电视的价格。

在不完全竞争的传媒市场，寡头媒体借助雄厚的资本实施并购、合作联盟等战略，加强"垄断"市场的力量和赢利能力，通过抬高产品的制作成本和固定价格来操纵市场。传媒管理者往往无视收视率或市场调查的人口统计数据如何，因为消费者的需要比不上满足广告商对吸引目标受众的需要那么重要。电视台向广告商销售广告时间段，广告商赢得特定种类公众的目的影响了网络广泛传播产品的性质，而且对赢利的市场控制，使得每一个时间段都变得如此有利可图，以至于如果实验不同的产品失败之后，所付出的代价就会很高。结果，随着利润的上升，节目的多样性却降低了。[①] 随着美国几大电视网对市场的垄断，传媒市场结构发生了变化，势必影响着受众的社会福利。

五、传媒集中化成长方式

传媒集团通过实施多种战略来实现其集中化发展，比如合资经营和内部积累发展等。但是，并购往往是美国传媒集团首选的发展战略。在美国历史上历次企业兼并和并购浪潮中，报业集团和各大电视网纷纷选择并购作为集中化发展战略。

美国传媒集团在集中化发展的过程中，形成了较为完善的运行机制和组

---

① 戴安娜·克兰. 文化生产：媒体与都市艺术. 赵国新译. 南京：译林出版社，2001. 64

织管理模式。并购战略的实施，使它们迅速地成长为超大规模的跨国传媒集团。

1. **并购造就美国传媒集团**

19 世纪末 20 世纪初，美国处于自由资本主义发展时期，企业公司的合法地位已经完全确立起来。随着公司法的制定和实施，美国各个公司依靠法律给予的扶持成为商业和工业中的主导因素。到 1930 年，“公司革命”中形成的大公司控制了美国的大部分经济。

20 世纪中期，美国公司的这种集中化发展的倾向仍在继续。巨型公司已经成为“确立生活方式准则和公民生活模式的机构。它引导、形成、指挥、决定着社会的发展前景”，成为一种权力的中心，国家是其唯一的竞争者。①

对于公司的权力，公司法中体现的是不干涉的原则，美国法律只是保证公司这一工具来满足这个商业社会的需要，它的逻辑是：滥用权力的现象，既能通过市场的竞争得到制止，又可能通过那些把自己的资本投入风险项目的投资者对自身利益的关切而得到制止。而公司的固定价格、共谋、兼并等功利性的运作不受政府限制的束缚。当时的法律没有强调与公司权力有关的责任，只是被用来增强私人权力的灵活性，而相应地，政府对这种权力的管理必须受到严格限制。美国的公司法确立了美国企业在社会中的支配地位，为公司合并和巨型公司的长远发展奠定了法律基础。

从美国经济发展和公司制度本身的变革来看，从 19 世纪末至今，美国共发生了五次大的兼并和收购浪潮。经济和公司制发展的规律同样也适用于传媒经济。19 世纪产生的美国早期报业集团和后来的传媒集团也经历了一次又一次的兼并和收购浪潮，通过兼并、合并、联营，建立控股公司、合资企业等集中化发展途径形成了多种垄断组织形式：传统的报团、跨传媒经营的传媒集团、联合或混合企业所属的传媒子公司，与大银行大企业连通的连锁董事、跨国传媒集团等。②

美国传媒集团选择并购的发展战略，除了技术变革和传媒市场结构变化的因素外，主要是因为并购有利于企业迅速实现资产的集中，从而达到最佳生产规模，提高企业的市场竞争力，有利于企业的长远发展。企业通过兼并

---

① ［美］伯纳德·施瓦茨. 美国法律史. 王军等译. 北京：中国政法大学出版社，1997. 224

② 郑超然，程曼丽，王泰玄. 外国新闻传播史. 北京：中国人民大学出版社，2000. 19

竞争对手迅速成长为巨型的大公司，是现代经济史上的突出现象。在美国的经济发展史上，所有大公司都是通过某种程度、某种方式的兼并来实现规模经济基础上的集中化发展，没有任何一家大公司是靠内部扩张成长起来的。

经过几次兼并和收购，尤其是20世纪八九十年代的并购活动而形成的传媒集团，进行报纸、广播、影视、杂志、出版、印刷、信息服务等多元化经营，形成了跨传媒、跨地区经营的国际传媒集团，而且，一些实力雄厚的企业集团也纷纷进入传媒领域。美国在线时代华纳、维亚康姆、迪士尼和新闻集团（News Corporation）等传媒集团以其巨大的财富实力，控制着世界的传媒市场，对整个世界包括美国都产生了巨大的影响。

美国在线时代华纳的发展历程可谓传媒并购的经典案例，三次重要的兼并（合并）成就了这家全球最大的网络传媒集团：1989 年，全球出版业巨头时代公司与娱乐业霸主华纳公司实现合并，建立了时代华纳公司，此次成功的合并使时代公司由一家以出版业为主的公司转向以娱乐业为主的公司；1996 年，时代华纳公司兼并特纳广播公司，世界上最大的传播娱乐公司诞生；2001 年 1 月，世界上最大的传媒公司——时代华纳公司与全球最大的网络公司——美国在线公司合并，这场被喻为“世纪联姻”的并购催生了“全球第一家面向互联网世界的综合性大众传播及通信公司”。[①]（见表 2－3）。

表 2－3　美国在线时代华纳集中化发展历程

时　间	事　件
1918 年	华纳兄弟在西海岸建立第一个电影制片厂
1922 年	时代公司（Time Inc.）成立
1923 年 3 月	亨利·R. 卢斯（Henry R Luce）和布里顿·哈登（Briton Hadden）创办《时代》周刊
1930 年	《财富》杂志创刊
1936 年	《生活》杂志创刊
1954 年	《体育画报》创刊
1961 年	时代生活公司成立（时代公司的图书出版部门）

① 唐润华. 解密国际传媒集团. 广州：南方日报出版社，2003. 67

（续上表）

时　间	事　件
1966 年	第七艺术公司收购了华纳公司，成立华纳第七艺术公司（Warner – Seven Arts）
1968 年	时代公司收购 Little, Brown and Company（波士顿的一家出版公司）
1969 年	金尼公司（Kinney National Co.）收购了华纳第七艺术公司，组建华纳传播公司（Warner Communications Inc.）
1972 年	家庭影院有线电视网（HBO）开播
1974 年	《人物》杂志创刊
1976 年	特纳传播公司（Turner Communications Group）购买 MLB's AtlantaBraves；特纳传播公司旗下的 WTCG（WTBS）在亚特兰大开始通过卫星传输到有线网，成为有线网中的超级频道
1977 年	特纳广播系统（TBS）控股美国 NBA 的亚特兰大鹰队
1978 年	时代公司收购有线网络运营商美国电视传播公司（ATC）
1980 年	特纳广播系统旗下的有线电视新闻网（CNN）开播，最初订户为 170 万
1985 年	史蒂夫·凯斯（Steve Case）与他人合作组建量子计算机服务公司，通过调制解调器传送在线信息并提供其他服务；时代公司并购南方发展公司（Southern Progress Corp.）。1987 年，史蒂夫·凯斯将其公司更名为美国在线公司（AOL）
1989 年	时代公司与华纳公司合并，时代华纳成为世界上最大的娱乐媒体公司
1990 年	《娱乐周刊》创刊
1992 年	美国在线成为第一个以 WINDOWS 为平台的在线服务提供商。史蒂夫·凯斯成为美国在线的首席执行官
1994 年	美国在线的门户站点 AOL. com 成立，特纳广播与新干线电影公司合并
1995 年	华纳兄弟（WB）网络创办
1996 年	时代华纳公司并购特纳广播系统，成为世界上最大的娱乐、信息和媒体公司。美国在线在纽约证券交易所上市，并开始在英国、加拿大和法国提供互联网服务

（续上表）

时　间	事　件
1997 年	美国在线的注册用户超过 1 000 万。CNN 的 24 小时西班牙语频道开播，有 400 万用户，是拉丁美洲历史上最大的有线频道。美国在线日本分公司成立
1998 年	美国在线以 47 亿美元收购网景公司（Netscape）和 ICQ 公司。HBO 开播高清晰电视频道
2000 年 1 月 10 日	美国在线与时代华纳宣布合并。1 月 24 日，时代华纳宣布收购英国著名音乐公司百代集团（EMI）；美国在线并购 MapQuest（在线地图和旅游信息提供商）。时代公司从论坛报公司手中收购时报—镜报杂志公司
2001 年 1 月 11 日	美国在线与时代华纳的合并正式完成，成立美国在线时代华纳公司（AOL Time Warner）
2003 年 9 月 17 日	美国在线时代华纳宣布将公司名称再次改成时代华纳，公司标志从原来的美国在线的标志改为合并之前时代华纳的标志
2007 年 7 月	AOL 耗资 2.75 亿美元并购 Tacoda 集团

维亚康姆是全球最大的传媒娱乐集团之一，涉足电影、电视、出版等领域的零售业务。这个传媒巨头是由两次重大的企业兼并造就的：20 世纪 70 年代，孙乐·雷石东（Sumner M. Redstone，维亚康姆公司董事长兼首席执行官）只是国家娱乐公司这家小型影院连锁店（主要是汽车影院）的总裁，1987 年 3 月 3 日，国家娱乐公司以 34 亿美元收购了美国第十大有线运营商维亚康姆；1999 年 9 月 7 日，维亚康姆宣布以 350 亿美元收购哥伦比亚广播公司，这桩当年最大的传媒业合并案，于 2000 年初获得批准，维亚康姆从此跻身世界上规模最大、最具影响力的传媒和娱乐业巨头之列。（见表 2－4）。

表 2－4　**维亚康姆集中化发展历程**

时　间	事　件
1967 年	孙乐·雷石东被任命为全国娱乐公司总裁
1976 年	开办 Showtime，成为与 HBO 竞争的节目
1979 年	开办 Nickelodeon 和第 2 个收费频道 The Movie Channel

（续上表）

时　间	事　件
1981 年	开办 MTV
1986 年	孙乐·雷石东被任命为全国娱乐的主席
1987 年	全国娱乐（National Amusements）被收购；雷石东被任命为公司主席
1993 年	与 Chris - Craft Industries 一起，开办 UPN
1994 年	分别收购 Paramount Communications，Blockbuster and Simon 和 Schuster
1999 年	收购 CBS
2000 年	以 50 亿美元收购 BHC Communications 的 UPN 一半的股份
2001 年	构造无限广播（Infinity Broadcasting）；收购 BET
2004 年	维亚康姆曾出价 7.5 亿美元并购 Facebook
2004 年 11 月 3 日	维亚康姆旗下的尼克儿童频道与上海文广集团合资成立儿童节目制作公司

在美国的几大传媒集团中，迪士尼集团以品牌价值取胜，通过品牌的价值链把各种商业连接起来，可以说是纵向集中的代表。这种纵向一体化的内部扩张往往通过并购，聚合电影、唱片、体育、主题公园、剧场、游戏、互联网等链条，构建起强大的网络力量。1996 年 2 月，迪士尼以 190 亿美元巨资收购了大都会/美国广播公司，成为一家综合性的娱乐传媒公司；2001 年 7 月 23 日，迪士尼公司以 53 亿美元，收购新闻集团和萨班娱乐公司拥有的福克斯（Fox）家庭全球公司，获得了新的有线电视频道，更加有助于其通过有线电视把节目向全球推广。①（见表 2 - 5）。

表 2 - 5　　迪士尼集团集中化发展历程

时　间	事　件
1923 年 10 月 16 日	沃尔特·迪士尼创办“迪士尼兄弟制片厂”，以 1 500 美元的价格签署了摄制系列动画短剧《爱丽丝系列》的片约

① 唐润华．解密国际传媒集团．广州：南方日报出版社，2003. 291 ~ 297

（续上表）

时　间	事　件
1929 年 12 月 16 日	迪士尼兄弟制片厂被沃尔特·迪士尼电影公司、沃尔特·迪士尼公司、莱勒德房地产与投资公司和迪士尼电影录音公司取代
1933 年 6 月 1 日	英格索尔·沃特伯里公司（Ingersoll – Waterbury Co.）卖出第一块带有米老鼠形象的手表
1934 年 6 月 9 日	唐老鸭在《聪明的母鸡》中首次露面
1937 年 12 月 21 日	《白雪公主和七个小矮人》首映
1940 年 5 月 5 日	沃尔特·迪士尼电影公司（Walt Disney Productions，Ltd.）从好莱坞迁往加州伯班克的新制片厂
1952 年 12 月 16 日	成立 WED 公司，筹建迪士尼乐园
1954 年 10 月 27 日	迪士尼提供的“迪士尼乐园”电视节目在 ABC 首播
1955 年 7 月 17 日	加州迪士尼乐园在阿纳海姆建成开放（沃尔特·迪士尼电影公司投资 50 万美元，拥有迪士尼乐园公司的 34.5% 的股份）
1953 年 10 月 3 日	沃尔特推出的儿童节目“米老鼠俱乐部”在 ABC 首次播出
1960 年 7 月 6 日	迪士尼乐园公司由沃尔特·迪士尼电影公司独家控股
1965 年 2 月 3 日	沃尔特·迪士尼电影公司以大约 400 万美元的价格从沃尔特·迪士尼手中购买了 WED 公司
1981 年 7 月 8 日	沃尔特·迪士尼电影公司以 4 620 万美元从莱特劳公司（Retlaw）购得888 461股普通股，从而获得迪士尼品牌（包括迪士尼的名称、相似物和肖像权）以及迪士尼乐园的蒸汽机车和单轨铁路系统的品牌拥有权
1982 年 10 月 1 日	“未来城市”主题公园（Epco）在沃尔特·迪士尼世界开幕
1983 年 4 月 18 日	迪士尼频道开播
1986 年 2 月 6 日	沃尔特·迪士尼电影公司更名为沃尔特·迪士尼公司
1988 年 1 月 21 日	沃尔特·迪士尼公司以大约 1.61 亿美元现金和 8 900 万美元的债务继承购买瓦特尔（Wrather）公司包括迪士尼乐园酒店在内的资产
1989 年 5 月 1 日	迪士尼—米高梅电影主题公园和快乐岛娱乐综合项目在沃尔特·迪士尼世界开幕

（续上表）

时　间	事　件
1993 年 6 月 30 日	收购米拉迈克斯电影公司（Miramax Film Corporation）
1994 年 4 月 18 日	迪士尼第一个舞台剧《美女和野兽，一个新的音乐剧》在百老汇公演，打破了以往的观众人数和票房纪录
1994 年 6 月 24 日	沃尔特·迪士尼制片公司（Walt Disney Pictures）上映《狮子王》，该片成为迪士尼有史以来获益最高的影片
1994 年 10 月 20 日	卖出欧洲迪士尼公司部分股票，股份减少至 39%
1995 年 7 月 31 日	宣布以 190 亿美元收购 Capital Cities/ABC 的意图；1996 年 2 月 9 日，完成收购 ABC
1996 年 2 月 22 日	迪士尼在线开通 Disney. com，作为通往迪士尼信息和服务的门户网站
1996 年 11 月 1 日	娱乐体育网公司（ESPN Inc.）开播娱乐体育新闻频道（ESPNEWS，全天 24 小时播出的体育新闻电视网）
1997 年 1 月 28 日	科姆卡斯持（Comcast）公司和 ABC 有线电视网同意建立一个新机构，用以购买 E！娱乐电视公司（E！Entertainment Television）的大部分股权
1997 年 4 月 4 日	奈特·里德公司（Knight – Ridder，Inc.）宣布与迪士尼达成协议，以 16. 5 亿美元购买 ABC 旗下的四份报纸
1997 年 9 月 3 日	ESPN 达成协议，收购“经典体育电视网”（Classic Sports Network，该网以塑造体育史上最伟大的赛事、英雄和故事为特色）
1998 年 11 月 18 日	收购互联网门户公司 Infoseek 43% 的股权，同时 Infoseek 从迪士尼公司购买星波公司（Starwave）
1999 年 7 月 8 日	沃尔持·迪士尼电视制作公司（包括 Buena Vista 电视制作公司）和 ABC 黄金时段公司联合组成 ABC 娱乐电视集团
1999 年 11 月 2 日	宣布与香港特区政府合作建设香港迪士尼乐园，预计在 2005 年或 2006 年开放
2000 年 1 月 24 日	迪士尼/ABC 有线电视网的 24 小时肥皂剧频道 SOAPnet 开播

（续上表）

时　间	事　件
2001 年 10 月 24 日	迪士尼收购福克斯全球家庭频道（Fox Family Worldwide），重新命名为 ABC 全球家庭频道（ABC Family Worldwide）
2001 年 11 月 6 日	收购“爱因斯坦宝贝公司”（The Baby Einstein Company）
2006 年	迪士尼集团以 74 亿美元并购美国电脑动画巨头皮克斯动画工作室

鲁珀特·默多克领导下的新闻集团是当今世界上规模最大、国际化程度最高的综合性传媒集团之一。默多克正是通过其成功的并购战略，在短短的几十年时间里，从澳大利亚阿德莱德的一家小报发展成为世界级的传媒集团。今天，新闻集团仍在实施并购战略来不断拓展这个传媒帝国的版图（见表 2－6）。

表 2－6　**新闻集团集中化发展历程**

时　间	事　件
1953 年 9 月	鲁珀特·默多克接管阿德莱德《新闻报》
1960 年	购买《悉尼镜报》
1964 年	创办全国性日报《澳大利亚人报》
1968 年	收购英国《世界新闻报》
1969 年 11 月	收购英国《太阳报》
1972 年 5 月	购买悉尼的《每日报》和《星期日电讯报》
1973 年	在美国圣安东尼奥市买下三家报纸
1976 年年底	买下美国《纽约邮报》
1979 年	购买安赛特运输工业公司 50% 的股份
1981 年 2 月	购买英国《泰晤士报》和《星期日泰晤士报》
1981 年	购买路透社 5% 的股份
1982 年 10 月	并购《波士顿先驱报》
1983 年	创办英国天空广播公司，同年购买《芝加哥太阳时报》
1984 年	兼并《新女性》杂志和齐夫—戴维斯旅行出版公司

（续上表）

时　间	事　件
1985 年	购买美国 20 世纪福克斯电影公司 50% 的股份；默多克加入美国国籍
1985 年 3 月	第一次访问中国
1986 年	购买香港《南华早报》
1987 年	购买哈珀·罗出版公司 50% 的股份，在澳大利亚购买《墨尔本论坛报》
1988 年 3 月	建立福克斯有线电视网
1990 年	接管柯林斯出版公司
1992 年	收购香港“卫星电视台”
1996 年 7 月	收购美国世界通讯集团
2001 年	收购 Chris - Craft Television Stations，成为美国领先的广播商
2004 年 8 月	新闻集团下“国家地理频道”在中国内地投资第一个电视节目制作合资公司；同年 11 月，新闻集团与团中央网络影视中心等共同组建一家合资公司，负责青海卫视的广告经营
2006 年	新闻集团以 1.88 亿美元收购 VeriSign 出版集团的 Jamba 出版公司
2007 年 8 月 1 日	新闻集团签署了以 56 亿美元收购道琼斯及其旗下《华尔街日报》的协议
2008 年 5 月 17 日	微软和雅虎“联姻”。在这起全球最大的科技业并购案中，默多克一开始愿意将新闻集团旗下的社交网站 MySpace 出售给雅虎。作为交换筹码，新闻集团将持有雅虎部分股份。后来，默多克的态度发生了变化，欲帮助微软对雅虎进行收购

时至今日，传媒领域的并购活动仍然让人目不暇接，与普利策和赫斯特时代不同的是，传媒企业之间的交易进行得十分迅速，以至于人们很难分辨它们之间的差别，如果不看年度报告的话，很难说出某一家传媒公司的所有权属于谁。这是一个全球化的时代，传媒集团在自身“滚雪球”发展的基础上，比以往任何时候都更加注重通过并购来实现企业规模的发展壮大，并购仍然是传媒界最主要的话题。这些重大的并购活动，对整个世界传媒产业的竞争格局都产生了深远的影响。

2. **传媒集团的集中化发展战略**

综合比较美国在线时代华纳、维亚康姆、迪士尼和新闻集团的经营战略，就会发现，传媒集团在制定和实施着相近的全球化、本土化、横（纵）向一体化、战略联盟、战略整合等措施，它们在某种程度上都是并购的“产物”，所以，必然根据市场经济的集中化发展规律来制定其发展战略。

集中化的传媒集团在制定宏观发展战略的时候，往往基于外部环境的形势和内部发展的状况，从集团的整体利益出发，选择多元化的业务发展领域；同时，在传媒集团经营领域内进行资源配置、结构调整，以增强集团的竞争力，实现传媒集团的总体战略。

全球化战略：在全球化、信息化和数字化成为时代表征的今天，全球化无疑成为世界各国传媒集团首选的发展和竞争战略。首先，在激烈的传媒竞争中，市场细分化和饱和程度非常高，传媒集团势必把目光投向海外市场，寻找潜在的市场和机会；其次，当传媒集团在某个国家或地区的发展受到本国相关新闻法规和规制的限制时，它可以放弃在这个国家或地区发展的机会，而转向规制较松、环境较好、发展机会较多的国家或地区；第三，规避风险是传媒集团选择全球化战略的重要原因。由一个国家或地区经济发展状况所决定的广告投放是传媒发展的关键，如果传媒集团的业务只是局限在某个国家或地区，当这个国家或地区的经济形势恶化时，企业发展缓慢甚至萎缩，那么广告的投放就会相对减少，传媒集团就失去了利润来源，就会面对挑战和风险。

美国传媒集团沿袭其全球“拓殖”的传统，其版图在全世界范围内不断地扩展和延伸，各传媒集团都在全球建立起自己的“王国”。新闻集团的全球扩张战略以及维亚康姆的 MTV 音乐电视网和尼克珑顿（Nicklodoen）儿童频道成功地在全球拓展市场和获得影响力，都是全球化发展战略的很好验证。

本土化战略：本土化的发展战略是全球化发展战略的对应战略，而且与区域化的市场特征紧密相连。传媒集团在实施全球化发展战略时，往往根据不同区域的市场结构，采取“分众化”、“小众化”、“窄播化”的经营策略，通过对于区域受众的调查和研究，掌握他们的地理和人口统计特征、文化背景和消费心理等，据此确定对于目标受众的节目产品或服务。本土化战略的具体措施包括直接利用当地的文化资源和语言来生产文化产品，或者通过本土语言和资源对节目重新组合和包装，以供应当地市场。

根据本土化的发展战略，传媒集团在世界某地区开展业务时，往往选择本土经营者作为合作伙伴，以便尽快熟悉对方国家的人文环境，适应其经济运行模式，解决语言障碍，了解其市场需求、消费心理和消费水平。本土化战略有利于避开或化解所在国针对外国资本和经营者的限制性或歧视性法规、市场壁垒，在一定程度上消除所在国政府或同行业的戒备心理或敌视，还可以借助于区位优势使经营内容和手段随俗而变。

美国传媒集团进入中国市场的时候，把本土化作为重要的经营理念和战略。如维亚康姆公司办事处在中国内地的员工几乎全是华人，由他们来倾听、收集市场信息，制定符合中国人口味的电视节目；MTV 中国区的总经理李亦非深得雷石东的信任和赞赏，在中国成功地推销出维亚康姆最得意的尼克珑顿儿童节目。

横向一体化（多元化）和纵向一体化：传媒企业在现有业务的基础上进行横向扩张（合作、兼并或收购），实现规模的扩大，即所谓的横向一体化。技术变革是传媒集团实施横向一体化战略的推动力量。随着数字时代的到来，传媒集团倾向于把文本、音频和可视化产品转化成数字化的形式，不同传媒形式所基于的不同技术平台开始逐渐汇聚，趋于一致，这样就跨越了传统大众传媒和新兴传媒的界限。目前，除了规模不同外，美国的传媒集团大都涉足多类传媒：报纸、杂志、广播、出版、影视、音乐、互联网等。

传媒集团的集中化发展往往涵盖同一传媒产品的不同阶段，包括制造、发行、播放和销售阶段；或者向上游、下游扩展，实现同一产品链上的延长。传媒集团按照专业、功能或价值链等不同环节制定整体发展战略。不过，根据反垄断法和联邦通讯委员会的规制规则，纵向一体化比横向一体化更受限制。

基于横（纵）向一体化概念的理解，维亚康姆和哥伦比亚广播公司的合并创造了一个实施纵向一体化并购战略的典范，实现了纵向一体化的优势互补。哥伦比亚广播公司在电视、广播、户外广告和互联网上的优势恰恰是维亚康姆公司薄弱的地方，而维亚康姆在电影、有线电视和出版方面的优势也弥补了哥伦比亚广播公司的劣势。

战略联盟：传媒集团为赢利而建立起来的彼此合作关系，可以通过成立合资企业或者资产缔结方式实施多领域的联盟，也可以实施职能型战略联盟的具体合作。在合作期限与合作领域内，联盟的双方就结为一个相对统一的利益主体，共同对付合作体以外的其他竞争对手。

传媒集团之间以各种形式结成联盟，旨在提高市场竞争力。首先，通过联盟，传媒集团的体制、人才、战略诸方面的竞争力均有可能获得提升，增强了合作体的包容和支持能力，对新进入者更具排斥力，从而保障联盟的利益。其次，获取进入新市场的机会增多。传媒集团不能在某个国家或地区实施或参与某种竞争时，可以利用当地媒体的合法性，与当地媒体形成合作体，获取所需政策资源，从而得到进入新市场的机会。第三，获得互补资源。如果联盟的双方在合作的领域里具有互惠优势，能够产生协同效果，新结成合作体的力量就大于各自独立的力量。如果一个传媒集团拥有大量传媒产品，另一个拥有成熟的销售渠道，双方结成合作体，就能使各自的缺陷得到弥补，各自的优势得到发挥。

整合战略：传媒集团实施并购战略的目的是通过对被收购对象的运营来谋求目标企业的发展，实现传媒集团的经营目标。因此，通过一系列程序取得被收购传媒的控制权后，必须对目标企业进行整合，使其与企业的整体战略和经营协调一致、互相配合。并购以后的整合管理对于并购的最终效果有直接影响，而整合过程不良往往是并购效果不佳的主要原因之一。单纯为了提高企业股票价格而开展的企业并购活动，很少考虑并购双方的互补性、关联性和协同性，更少考虑并购以后的重组和整合，不但难以提高目标企业的资源利用率，反而拖累了兼并企业自身。

具体的整合战略包括战略整合、业务整合、制度整合、组织人事整合和文化整合。

（1）战略整合：传媒企业并购以后，对目标企业的战略进行整合，使其符合整个企业的发展战略，这样才能使收购方与目标企业相互配合，使目标企业发挥比以前更大的效应，促进整个企业的发展。因此，并购活动必须规划目标企业在整个战略实施过程中的地位与作用，对目标企业的战略进行调整，使整个企业的各个业务单位形成一个统一的相互关联、互相配合的战略体系。

（2）业务整合：在对目标企业进行战略整合的基础上，继续对其业务进行整合。根据目标企业在整个体系中的作用及其与其他部分的关系，重新设置其经营业务，将一些与本业务单位不符的业务剥离给其他业务单位或者加以合并，在整个运作体系的分工配合中提高协作、发挥规模效应和协作优势。

（3）制度整合：企业管理制度对企业的经营与发展有着重要的影响。传媒并购以后必须对目标企业的管理制度进行整合。如果目标企业原有的企业管理制度是科学合理的，收购方则不必加以修改，可以直接利用目标企业原有的管理制度，甚至将目标企业的管理制度引进收购企业，对收购企业的制度进行改进。如果目标企业的管理制度与收购方的要求不符，收购方可以将自身的一些优良制度引进目标企业。

（4）组织人事整合：传媒集团的收购活动实施以后，目标企业应该根据其战略、业务和制度重新进行组织设置和人事整合。传媒集团高层管理人员的任免是并购活动成功与否的关键。

（5）文化整合：企业文化是企业经营中最基本、最核心的部分，影响着企业运作的各个方面。对目标企业的文化整合，对于整个企业能否真正协调运作具有关键的影响，只有收购方与目标企业在文化上达到整合，才意味着双方真正的融合。对于生产“文化产品”的传媒集团而言，企业文化的整合对传媒集团的集中化发展至关重要。①

传媒集团在成长过程中往往综合实施上述的发展战略，迪士尼公司则是实施多元化（横向一体化）战略和整合战略的典型。迪士尼“成长为超大规模传媒集团”的模式是，“公司能够利用图像传媒来销售声音传媒产品，用电影来销售书刊，用软件来销售硬件，这样成为新的全球商业秩序中的胜者。”② 迪士尼从一个惨淡经营的卡通片制作商发展成为世界上最大的传媒集团之一，其发展历程可谓是20世纪传媒经济发展的缩影，也是传媒并购战略的明证。

迪士尼的第一个发展期为20世纪20年代末到40年代末，它为通俗卡通片和儿童文化节目设置了标准。“糊涂交响曲”（*Silly Symphonies*）系列片（1929—1939）沿用经典卡通片短剧“三头小猪”（*The Three Little Pigs*）的风格，为电影制片厂大量制作卡通片建立了声誉。

迪士尼的第二个发展时期包括20世纪50年代和60年代初，以经营多样化为标志。随着卡通电影短片的灭亡，迪士尼向其他领域扩展。1949年，迪士尼电影制片厂制作了第一部有关自然的记录电影短片《西尔岛》（*Seal Island*）；1953年，第一部纪录片《沙漠奇观》（*The Living Desert*）问世；1950年，生产出其第一部实况故事片《金银岛》（*Treasure Island*）。

迪士尼是第一个并购电视的电影公司。1954年，公司创办了一个黄金时

---

① 裴延辉．当代西方传媒集团经营管理战略透视．中国人民大学博士学位论文，2002. 44～58

② Richard J. Barnet & John Cavanagh. *Global Dreams*：*Imperial Corporations and the New World Order*. New York：Simon & Schuster，1994. p. 131.

段长期播放的节目，一个甚至比演出其产品的剧院更受欢迎的栏目。1955年，迪士尼乐园在南加利福尼亚开业。从此以后，主题公园就成为迪士尼的主要收入来源（佛罗里达州奥兰多的沃尔特·迪士尼世界公园于1971年开始营业）。

1953年，迪士尼创办发行公司博伟影业公司（Buena Vista），迈出走向大型传媒公司的第一步。1966年，沃尔特·迪士尼的去世引发了公司的一度滑坡。

1984年，由迈克尔·艾斯纳领导的新团队开启了迪士尼历史发展的第三个新阶段。

艾斯纳继承了迪士尼创办的“点金石”节目，其中《谁陷害了兔子罗杰》（*Who Framed Roger Rabbit*）（1988年）使成年观众和儿童重新燃起对实况卡通片的观看热情。一批观众喜闻乐见的卡通片纷纷跟进，包括《小美人鱼》（*The Little Mermaid*）（1989年）、《美女与野兽》（*Beauty and the Beast*）（1991年）、《狮子王》（*The Lion King*）（1994年）、《木兰》（*Mulan*）（1998年）、《阿里巴巴》（*Fantasia*）（2000年）和《变身国王》（*Emperor's New Groove*）（2001年）等。在开办商业连锁影院的同时，公司开始出售经典卡通片的唱片。迪士尼电影从1988年到2000年一直控制着录像市场的销售。

2000年，迪士尼已经能够制作卡通故事片供剧院上映和家庭录像播放。迪士尼ABC广播网能够衍生出电影的卡通片版并放在ABC星期六早间节目中播出。书刊版则通过迪士尼出版部Hyperion来发行，而且“即兴制作的版本”能够迅速在迪士尼频道（Disney Channel）或者ABC家庭影院（ABC Family）（福克斯家庭影院）来播放，也可以通过公司的大众儿童杂志《迪士尼探险》（*Disney Adventures*）来发行。而电影中的角色和形象最终会成为迪士尼主题公园中吸引观众注意力的“卖点”或购买购买者麦当劳幸运食品的动力。

20世纪90年代，迪士尼通过购买ABC公司成为有线体育频道ESPN和ESPN2的所有者。基于对体育频道的兴趣，迪士尼又购买了迪士尼乐园附近位于阿纳海姆（Anaheim）的美国全国冰球联盟（NHL）的野鸭队（Mighty Ducks）和主要联盟安吉尔棒球队（Angels）。在纽约境内，迪士尼重新开办几家影院并且成功地以百老汇音乐剧形式上演《美女与野兽》和《狮子王》的不同剧本。在网络领域，迪士尼购买了一家网页浏览公司Infoseek，并利用它创办了互联网门户网站Go（迪士尼公司在2001年卖出）——把所有的迪士尼业务链接起来的一个搜索枢纽。

1983 年，迪士尼在日本成功创办主题公园。1992 年，迪士尼与俄罗斯电视公司签订了 10 年合约，在俄罗斯每周放映 6 小时的迪士尼节目。1986 年，迪士尼开始向中国销售电视卡通片节目，每周吸引大约 3 亿观众，1990 年由于迪士尼商标产品的盗版猖獗而停止。迪士尼于 1992 年重新进入中国市场，最终在中国创办了迪士尼杂志并开办了几家迪士尼商品专卖店。

但是，和任何传媒集团集中化发展历程一样，并购及其战略整合都不是一帆风顺的。20 世纪 90 年代初，欧洲迪士尼公司（EuroDisney）（现在的巴黎迪士尼乐园）在巴黎郊外开业。开始，巴黎迪士尼乐园每月损失数百万美元，直到 90 年代中期才开始赢利。在美国大本营，美国迪士尼弗吉尼亚一个关于美国历史创意的主题公园遭到市民的攻击，他们对于迪士尼错误地阐释或使美国历史过于浪漫化感到焦虑。1995 年，在迪士尼刚刚收购 ABC 不久，由于在 ABC 晚间新闻节目中播放有关一家公司人物传的“溢美”之辞而遭遇批判。

这些对迪士尼公司及其并购的批判，并没有阻止迪士尼全球扩张的步伐。1997 年，一家苏丹所有的卫星放射台 Orbit 在中东和北非地区 23 个国家引进迪士尼公司的 24 小时首创有线频道节目。

2000 年初，迪士尼的卡通片先驱在电影和互联网业务上再次遭遇失败，主题公园的票房也下降了。CEO 艾斯纳的商业战略转移破坏了包括皮克斯动画工作室（Pixar）（其卡通片赢利已经超过迪士尼）和电影公司米拉麦克斯（Miramax）在内的合作伙伴和附属公司。2004 年，艾斯纳拒绝播放迈克·莫尔（Michael Moore）关于伊拉克的纪录片《华氏 911》（*Fahrenheit* 9/11），而米拉麦克斯则给予财力支持助其发行（这部电影的制作成本为 700 万美元，在美国的票房收入为 1.19 亿美元）。公司内部的分裂和董事会的反对迫使艾斯纳于 2005 年下台，结束了执政迪士尼 21 年的传媒人生涯。①

3. 传媒集团集中化的风险分析

美国几大传媒集团通过收购中小公司，实现了集中化和对市场某种程度的垄断，同时实施全球化、本土化、横（纵）向一体化、战略联盟、整合等发展战略，充分地发挥了规模经济的集中化和多元化的优势，增强了传媒集

① Richard Campbell, Christopher R. Martin & Bettina Fabos. *Media & Culture*: *An Introduction to Mass Communication*. BEDFORD/ST. MARTIN'S, 2007. pp. 466 – 469.

团的竞争力。但是，传媒集团的集中化也会带来种种风险。

（1）集中化的规模不经济。

随着传媒集中化和垄断程度的加强，其扩张风险也开始日益增大。传媒集团在并购、联合其他企业或资产以实现本集团规模增大的过程中，存在着可能导致集团整体或部门赢利能力下降、效率降低、规模不经济的风险。通常表现为规模无效益，即并购后集团的整体实力上升，但集团整体和个体公司的赢利能力下降，或集团整体收入上升，同时成本升高，净赢利减少。美国在线时代华纳的并购便是规模无效益的典型案例。

（2）结构风险。

跨传媒的综合性传媒集团已经成为美国传媒市场的主要力量，而传媒集团内部的业务多元化直接对集团业务结构、收入结构、财务结构的控制与调节提出了挑战。传媒集团的组织结构、市场结构、收入结构等结构性配置因素对集团收益可能带来损失。一般而言，传媒集团都会自觉地以价值链塑造为导向，构建集团内部的核心业务流程，按照相关多元的原则横向或纵向辐射，通过实施一体化战略来产生协同效应，形成集团的业务、市场、收入的网络结构。理想状态是各部分互相补充，相得益彰，平衡发展。但实际上，传媒集团在内部资源的整合利用和收入来源上往往过分倚重某一块业务（如广告），而一旦这块业务的赢利下降，就将极大地影响整个集团的运营。

（3）资金链断裂的财务风险。

企业利用财务杠杆（即负债经营）时，可能丧失偿债能力，最终导致企业破产的风险。这是一种使得股东收益发生较大变动的风险。对传媒集团而言，面临的财务风险主要是，财务杠杆比例失当引发的偿债能力风险和资金链断裂引发的支付能力风险。

传媒集团往往利用财务杠杆在并购中实现快速扩张，集中化程度越高的传媒集团，越是在一定程度上依赖于财务杠杆。美国的传媒集团除了互换股权进行扩张之外，还采用举债收购的方式，但当现金流出量超过现金流入量，或者传媒集团在出现收不抵支时，都可能出现到期不能偿还债务本息的风险，从而直接导致负债率升高，财务风险增大。同时，传媒业区别于其他行业的一个显著特征是，生产经营活动中对大量现金的持续需求，特别是在核心环节内容制作上，需要大量的现金予以支持，而资本不能永远补贴现金流，如果这个环节发生现金支付危机，就会对任何一家传媒集团都造成致命打击。①

事实证明，进行并购传媒的安然公司、WorldCom 公司和泰科公司（Tyco）都染上了“安然效应”。2001 年，以休斯敦为基地的能源贸易公司安然（Enron）公司，由于以做假账的方式炒作股票而倒闭（其管理层携款逃走）。2005 年夏天，购买电话巨头公司 MCI 的全球电信巨头 WorldCom 公司的创立者和前任 CEO 伯纳德·艾波斯（Bernard Ebbers）被指控 110 亿美元的诈骗，从而使公司濒临倒闭。美国有线电视运营商阿德菲亚（Adelphia Communications Corp.）的创始人约翰·里加斯（John Rigas）及其儿子被指控抢劫公司并对公司财务部门进行欺诈。丑闻出现以后，投资者对公司的品牌效益增长、协调计划和财务都丧失了信心。

跨国传媒集团进行草率而令人目不暇接的传媒并购，试图压倒和制伏对方。《商业周刊》称这些传媒公司是“不断实施并购直至最后衰落的莫卧儿人（十六世纪征服并统治印度的莫卧儿人或者历史上的蒙古人）”②。

美国在线时代华纳总裁鲍勃·皮特曼（Bob Pittman）、贝塔斯曼（Bertelsmann）CEO 托马斯·米德尔霍夫（Thomas Middlehoff）和维旺迪（Vivendi Universal）CEO 琼—玛丽·梅西尔（Jean – Marie Messier）相继被解雇，梅西尔的家甚至遭到法国警方的突然袭击，并对其涉嫌虚设账目抬高其股市价格案件进行调查。同时，更多传媒公司的执行官纷纷下马。美国在线时代华纳董事会主席史蒂夫·凯斯（Steve Case）在批判声和联邦对公司财务的调查中辞职，而董事会副主席特德·特纳（Ted Turner）辞职的时候，美国在线时代华纳宣布 2002 年亏损近 1 000 亿美元，堪称美国历史上最大的公司亏损案。

贝塔斯曼“笨拙地”卖掉了低价收购的公司。维旺迪在 2000 年收购寰宇公司（Universal）时，自称是与美国在线时代华纳相媲美的欧洲竞争对手，可进入 2003 年公司即亏损 256 亿美元，可谓法国历史上最大的公司亏损案。

这些传媒集团远离其业务部门的潜在公司整合力量的失败，并非意味着全球传媒帝国的崩溃。相反，其他传媒公司争相以折价购买亏损传媒集团的部分资产来扩大自身规模。2004 年，维旺迪把寰宇公司的固定资产股权卖给通用电气公司（GE）[环球音乐集团（Universal Music）除外]。这样，通用

---

① 陈桂兰，罗亚．传媒集团化的风险分析．新闻记者，2003（2）

② Ronald Grover. Moguls Who Shopped Till They Dropped. *Business Week*，2002 – 08 – 05

电气公司通过并购打造了进入最大传媒公司 10 强排行榜的 NBC 环球公司（NBC Universal）。

最近 20 年传媒并购的浪潮改写着传媒市场。从经济学角度看，传媒市场的结构决定着传媒生态环境，并进而影响着传媒运作及其管制政策。对于传媒集团的并购及其实施的发展战略，人们的评价莫衷一是、褒贬不一。1999 年 9 月，商业压力促成了维亚康姆与哥伦比亚广播公司之间 380 亿美元规模的合并，《经济学家》杂志是这样来描述这次传媒合并的：

维亚康姆与哥伦比亚广播公司的并购只是长达 5 年产业结构重组的一部分，涉及世界上所有大型传媒公司。它们正转向通过尽可能多的频道，使生产内容和传送内容配合起来。所以，淘气小兵兵（“Rugrats”）——维亚康姆一帮志趣相投的孩子们——在尼克珑顿儿童频道作为卡通片出现，“Rugrats”已经被制成电影（由维亚康姆的好莱坞电影公司派拉蒙制作）、一部书［由维亚康姆的西蒙 & 切斯特出版社（Simon & Schuster）出版］和一个网站，同时作为巧克力、“睡衣裤”和“上帝明白”（God - knows - what）等产品，通过维亚康姆的商业渠道推销出去。这些收入来源不但赢利，而且也提高了“Rugrats”的品牌。①

今天，美国在线时代华纳的表现对于那些当时为之欢呼的人们来说，有着某种“揶揄”的成分，同时，也给那些持相反意见的人找到了抨击的理由。

在当代经济全球化的国际环境下，一浪高过一浪的传媒并购既是有效竞争的原因，也是有效竞争的结果。传媒集团通过并购取得对其他公司的控制，以保护、巩固或者提高自身竞争力，已经成为流行的投资方式。通过并购方式实现集中化的传媒集团，实施全球化、本土化、横（纵）向一体化和战略联盟等发展战略，旨在增强竞争力，加强对市场的控制和垄断。

① ［英］史蒂文·拉克斯. 尴尬的接近权——网络社会的敏感话题. 禹建强，王海译. 北京：新华出版社，2004. 206

第三章

传媒集中化的市场机制

传媒集团的集中化是市场竞争和垄断的结果。自由竞争的市场机制下，传媒集团通过并购实现集中化发展，控制市场，获取更大的利润；传媒产业的规模经济要求和市场进入的高门槛决定了在充满竞争的传媒市场条件下，传媒集团一定会选择集中化的发展战略。这也是产业组织和市场经济发展规律的要求，自由竞争的市场是传媒集团集中化发展的动力机制。

相比之下，自20世纪70年代以来，美国反垄断法发生了变化，对企业的集中化经营规制放松，同时美国政府也在放松政府的规制权，“规制下的垄断体制提供的‘公共’服务已经转换到由自由市场竞争者提供的‘以成本为基础’的服务了”,[①] 这些为传媒集团的集中化发展创造了良好的法律和政策环境。但是，反垄断法的使命是规范危害市场竞争的垄断行为，对传媒并购总是要实施监管的，而且传媒行业的“公共领域”属性决定了政府对其规制的必要性。这些来自立法、政府规制和市场失灵的外部性因素虽然构成了传媒集团集中化发展的制约因素，但是传媒集团正是在这样的动力机制和制约因素的共同作用下实现其集中化发展的。

本章节，我们将对传媒集团集中化发展的动力机制和制约因素进行分析，以说明自由竞争的市场机制对于传媒集中化发展的促进作用，而政府的规制

---

① ［加拿大］文森特·莫斯可. 传播政治经济学. 胡正荣等译. 北京：华夏出版社，2000. 89

只是在市场失灵情况下的补救措施，规制或者干预过多可能影响传媒集中化发展和市场效率，进而损害社会福利。

一、传媒集中化的动力机制

1. 市场竞争与垄断

20世纪70年代，反垄断法的主流观点发生了变异，人们对反垄断（法）的理解、执法和期盼更多地是采用经济学的进路。其实，反垄断法所调整的对象就是竞争行为或竞争与垄断的关系，经济学进路的反垄断法应该参照经济学中竞争和垄断的分析；经济学中竞争和垄断的研究和发展是对经济生活中竞争和垄断状况的较为真实的反映。那么，为了更好地理解不完全竞争市场中（传媒）集中和垄断的关系，有必要从经济学发展史上梳理一下对竞争和垄断的各种界定。

经济学对于竞争和垄断关系的阐释可以追溯到新古典经济学时期。阿尔弗雷德·马歇尔（Alfred Marshell）作为新古典经济学的集大成者，把大部分注意力一方面放在完全竞争模型上，另一方面放在纯粹垄断模型上。在马歇尔看来，竞争很大程度上等同于完全竞争。

对于不完全市场的早期探索，比较突出的是剑桥的经济学家皮耶罗·斯拉法（Piero Sraffa）。1926年，皮耶罗·斯拉法发现，在培育完全竞争和垄断的市场模型之间还存在着某种空间，并发表名为“竞争条件下的收益规律”的文章，对不完全竞争作了描述。

20世纪30年代到50年代，经济学界对垄断竞争模型的研究兴盛起来。E. H. 张伯伦（Edward H. Chamberlin）对垄断竞争理论进行了探索，指出以竞争和垄断这两种因素为特征的市场中，每个卖者都具有对价格的某种控制力，垄断是普遍存在的，同时也有程度上的差异和分层。张伯伦以产品差异和广告等动态概念描述出一种“有竞争力的”市场，产品差异和广告等垄断因素意味着每个卖者都具有对价格的某种垄断力，当存在大量（少量）替代品时，对这种产品的需求弹性就大（小），单个卖者就对价格具有更小（大）的控制力。

张伯伦的垄断竞争理论的意义在于，它是价值理论的发展和产业组织理论方面一个重要的里程碑，突破了静态的、马歇尔式的框架内的市场行为、结构和绩效的“旧”观点。现实世界的产业（汽车、药品等）是根据兼并者的“集中”率和其他行为分类的，美国联邦贸易委员会和司法部正是根据这样的标准对各产业进行规制的。张伯伦发明的市场分类方法，使处于“竞争”和“垄断”两极之间的市场结构可以按此标准进行分类和排列。

以哈耶克（Friedrich A. Hayek）为代表的奥地利学派则把市场和企业看作一个过程，构成对新古典学派的挑战。用哈耶克的话说，竞争性市场过程是一种发现过程。[①] 他否定了完全竞争概念，认为竞争的主要特点被以静态分析为基础的假设掩盖了，其本质在于强调正在进行的经济过程，而不是新古典学派的均衡分析。它和芝加哥学派共同培育的新的产业组织理论与张伯伦的理论可以说是相吻合的。

同一时期，对不完全竞争经济学的垄断和竞争市场进行比较分析的是琼·罗宾逊（Joan Robertson）。她关于垄断和价格歧视的分析对于反垄断法的修订和完善作出了重要贡献。1936 年的罗宾逊—帕特曼法（扩充了 1914 年的克莱顿法）禁止某些类型的价格歧视，用来对付有可能发生的歧视或者发生歧视定价扩张的垄断市场结构，即在替代性的政策处于单一的垄断定价和多重价格歧视之间时，必须对反垄断法政策中的传统假设进行重新估价，正如罗宾逊所阐释的那样，多重定价体制可能比简单垄断定价具有某种福利优势。

罗宾逊的理论与张伯伦尽力捍卫的不完全竞争理论比较起来，是有很大差别的。诚如 E. H. 张伯伦在 1950 年的一篇文章中所说：

> 不完全竞争遵循着竞争理论的传统，这不仅表现在将商品（尽管可以灵活确定）等同于一个行业，而且表现在明确地假定这样的商品是同质的。这样的理论与竞争传统没有任何裂痕。“不完全竞争”这个术语本身充满着其目标向“完全”移动的含义。[②]

罗宾逊在论述不完全竞争时，没有对产品差异给予过多的关注，而是强调了垄断的程度和复杂性。尤其重要的是，她对垄断的普遍性和垄断力量程度的分析超越了马歇尔的极端垄断价值理论，主张对垄断力量进行软化，或者在企业的某种垄断有利于市场效率和社会福利的时候，对垄断力量加以放宽和“容忍”。所以，罗宾逊的理论是超越传统的。

从新古典时期的经济学家对理想化完全竞争的模型描述到 20 世纪关于不

---

① ［美］小罗伯特·B. 埃克伦德，罗伯特·F. 赫伯特. 经济理论和方法史. 杨玉生译. 北京：中国人民大学出版社，2001. 441

② ［美］小罗伯特·B. 埃克伦德，罗伯特·F. 赫伯特. 经济理论和方法史. 杨玉生译. 北京：中国人民大学出版社，2001. 386

完全竞争模型的描述，都与现实可观察到的价格结构有不同之处，现实经济生活中，常常会出现理论模型所不能解释或控制的复杂局面。但是，张伯伦—罗宾逊的不完全竞争理论继续影响着后来的经济思想。

按照现代经济学的解释，一个垄断者之所以能在市场上保持唯一卖者的地位，是因为其他企业不能进入市场并与之进行竞争。所以，从这种意义上来讲，进入障碍就是垄断的同义语。

与竞争企业相比，垄断者是其市场上唯一的卖者，它可以通过调整向市场供给的产量来改变产品的价格，往往收取高于边际成本的价格。从消费者的角度来看，这种高价格使垄断是不合意的；而从企业所有者的角度看，垄断者从中赢得了利润，高价格使垄断极为合意。而我们所关注的是，企业所有者的利益会大于强加给消费者的成本，从而从整个社会的角度看垄断是否合意。

当垄断者收取高于边际成本的价格时，一些潜在消费者对物品的评价高于其边际成本，但低于垄断者的价格。这些消费者最后不购买物品。由于这些消费者对物品的评价大于生产这些物品的成本，这个结果是无效率的。因此，垄断定价使一些双方有益的交易都无法进行，进而产生“无谓损失”。垄断者收取的价格高于边际成本，引发的“无谓损失”使“经济蛋糕”缩小了，垄断者生产的产量小于社会合意的产量。这样垄断者就没有有效地配置资源。

面对垄断给社会公众利益带来的不合意，政府决策者往往使用反垄断法、行政规制等手段来遏止垄断权力，促进竞争。反垄断法给予政府促进竞争的各种方法，允许政府阻止合并、分拆大公司，禁止公司进行减弱市场竞争的活动。但是，在实际的经济生活中，竞争和垄断之间的关系是复杂的，处于垄断地位的大企业实施的行为未必就是危害竞争的，而且从宏观角度看，它往往是合意的，能够促进社会福利的提高。

对于反垄断法而言，“竞争”显然是一个基本的概念，它反映了竞争和垄断的经济学理论之间的关系。正如张伯伦所言，在一个市场中可能存在大量厂商，这是垄断竞争中的竞争因素；而这些厂商中的每个卖者都拥有一种对价格具有某种控制能力的独特产品或者优势（如版权、商标、品牌和距离市场的远近等），由于垄断竞争中这种垄断因素的存在，每个卖者将能够改变价格。[①] 也就是说，在垄断竞争的条件下，每一个企业都具有一定的垄断力，垄断是普遍存在的。具体来说，在现实的经济生活中，确实存在比竞争性做法更有效的垄断性行为。那么反垄断法该怎样对待这些行为呢？

垄断定价造成的社会成本有时候会低于垄断定价所带来的成本节约。在一定的市场条件下，相对于有效的生产规模来说，只有单个企业时的成本会比多于一个企业时的成本低得多，甚至使利润最大化时的垄断价格实际上也低于竞争企业所收取的价格。既然允许该垄断时的社会福利会大于禁止该垄断时的社会福利，而且，在经济分析中，我们重视竞争是因为它提高了效率，这里，竞争只是一种手段而不是一个目的，效率才是反垄断法的终极目标，那么，只要垄断可以增进效率，就应当容忍垄断，甚至鼓励垄断。在反垄断法的观点中，竞争被视为"一种很好地为消费者利益服务的状态，而不是只要一个极小的竞争对手被消灭就会受到削弱的一个对抗的过程"。[②] 现实经济生活中，竞争企业之间松散的"联盟"可能因为限制了企业之间的竞争而产生社会净收益。在不完全竞争的市场条件下，企业竞争有很高的代价，会产生重复，而这些重复可以通过"合作"来消除。这种"良性"的共谋时有发生。

随着反垄断法主流观点的变化，"具有垄断力的大企业的行动是否会排挤小企业进入市场"的问题同样引起人们的关注。实际上，在一般的市场中，垄断使大企业产品的成本与价格之间存在着一定的距离，因此，小企业的成本即使高于大企业的成本，也能进入市场并生存下来。而以牺牲大企业为代价促进小企业的做法是不可取的，这需要对大企业的价格进行持续的监督。但是，合理的反垄断法政策应该禁止大企业定价低于缺乏效率的成本。反垄断法之所以要禁止大企业的合并，原因在于合并后的大企业可以利用规模经济的优势，把价格定在低于相对无效率规模条件下经营的小企业的价格，那么，结果可能导致小企业退出市场和大企业的垄断。

反垄断法旨在维护自由竞争的市场机制，但竞争只是促进市场效率的手段和中间目标，效率才是反垄断法的终极目标，只不过竞争这个中间目标常常离终极目标很近。

---

① ［美］小罗伯特·B. 埃克伦德，罗伯特·F. 赫伯特. 经济理论和方法史. 杨玉生译. 北京：中国人民大学出版社，2001. 375

② ［美］理查德·A. 波斯纳. 法律理论的前沿. 武欣，凌斌译. 北京：中国政法大学出版社，2003. 31

2. **传媒市场结构**

20 世纪的最后二十年，整个世界传媒市场存在着两种结构倾向：创新的传媒技术为人们提供了接近信息的多样化渠道，尤其是新兴的电脑技术和网络服务系统，为信息的集中、传递和储存带来了极大的便捷；同时，为数很少的大型传媒集团逐渐控制了整个传媒行业越来越大的市场。

美国传媒业的集中化发展造成了寡头垄断竞争的传媒市场（如美国的有线电视市场）。寡头垄断的市场机构代表着一种市场均衡，而市场均衡状态的形成往往受竞争力的影响。反垄断法倾向于市场力量的变化，美国政府和联邦通讯委员会放松规制，这些市场外部性的措施促进了市场竞争，一定程度上改变着寡头垄断的传媒市场结构。

经济学家最善于用模型来描述经济行为和经济现象。在 20 世纪经济学的众多发展中，与微观经济学相关联的一个最重要的发展大概就是寻找描述实际市场的模型。我们要理解传媒市场结构，就有必要对一般企业组织的市场结构的竞争和垄断关系作剖析，因为市场结构的核心问题就是竞争与垄断的关系问题。西方研究媒体以及媒体经济学者，偏好基于传统的产业区别来讨论媒体工业的发展。①

这里，我们借用经济学对于一般企业组织的市场结构的分类方法，把市场组织分为完全竞争、垄断竞争、寡头垄断与完全垄断四种形式，并置于传媒市场中进行分析，以便对传媒市场的竞争和垄断有更好的理解。

按照经济学的一般原理，市场上企业的数量和所生产的产品的差异性是决定市场的竞争程度，进而影响市场结构的两个关键因素。换言之，市场结构主要受市场的集中程度和产品替代性的影响。当然，市场结构也会受到进入壁垒、企业策略性行为的制约。照此类推，传媒市场中媒体的数量和新媒体进入传媒市场的壁垒高低决定了传媒市场结构的四种类型。传媒市场结构的四种类型用表 3－1 表示如下：

---

① 曾华国. 媒体的扩张. 广州：南方日报出版社，2004. 39

表 3－1　　市场结构的四种类型①

市场类型	企业数量	产品差别程度	进出市场的难易程度	传媒市场
完全竞争	许多企业	相同产品	很容易	
垄断竞争	许多企业	有产品差异	比较容易	报纸、杂志
寡头垄断	几家企业	有差异或无差别	比较困难	音像、电影、有线电视
完全垄断	一家企业	无替代品	可能性不大	

（1）完全竞争的市场结构。

完全竞争的传媒市场结构是虚设的，在现实生活中从未出现过。这里，我们从完全竞争状态下传媒市场的理论和模型开始分析，旨在借用其合意的效率和社会效益，从而更好地理解为什么美国的律师、经济学家、传媒及政界人士都极力维护竞争的市场，以及美国政府在反垄断的背景下对传媒市场放松规制的理论基础。

完全竞争的市场结构是指有许多交易相同产品的买者和卖者，以至于每一个买者和卖者都是价格接受者的市场，企业可以自由地进入或者退出市场。

以完全竞争的市场结构为特征的传媒市场具有合意的效率和福利。传媒组织是价格的接受者，信息产品的价格等于传媒组织的平均收益和边际收益；为了使利润最大化，传媒组织必然选择使价格等于边际成本的产量（见图 3－1）。在有自由进入与退出的市场上，在长期均衡时，所有企业在有效规模时进行生产，信息产品的价格等于最低平均总成本，而且，企业数量的调整是为满足在这种价格时的需求量。

在现实的传媒市场中，存在着许多对完全竞争的背离和偏差，符合完全竞争传媒市场规范条件的市场是不存在的。各类传媒组织所生产、传播的信息产品总是存在或多或少的差异；传媒组织具有规模经济的属性，进入的门槛越来越高，自由进出并不现实；各个国家对传媒市场不同形式的规制措施；信息不对称和外部性的市场失灵更是时有发生。这些背离和偏差说明了传媒市场往往是垄断竞争的市场。

---

① ［美］曼昆．经济学原理（上册）．梁小民译．北京：北京大学出版社，1999. 351。注：本文采用时略作修改。本章节关于市场结构的分析参见《经济学原理》（上册）15、16、17 章的内容。

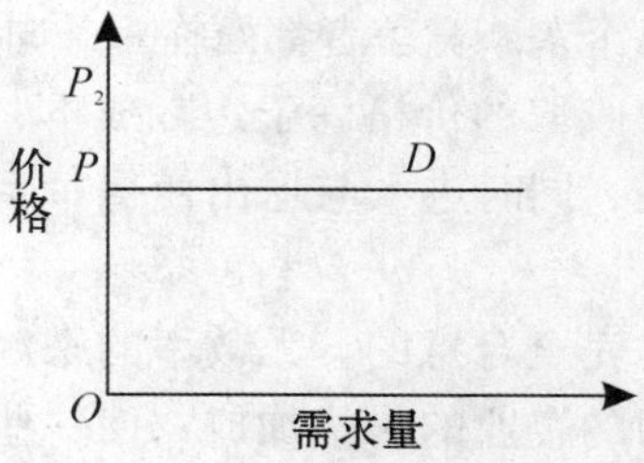

图 3-1　完全竞争中的企业

(2) 垄断竞争的市场结构。

现实生活中，当市场上有许多提供基本相同产品的企业时就出现了竞争，当市场上只有一家企业时就出现了垄断，市场结构总是在竞争和垄断之间游移。具有某些竞争特点又有某些垄断特点的市场最为常见，经济学家称之为不完全竞争，有寡头和垄断竞争两种类型的市场结构。这种许多出售相似而不相同产品的企业的市场结构被称为垄断竞争。垄断竞争的市场结构的特点为：

许多卖者：有许多企业争夺同样的顾客群体。

产品差异：每个企业生产的一种产品至少与其他企业生产的这种产品略有不同。因此，每个企业不是价格接受者，而是面临一条向右下方倾斜的需求曲线（见图 3-2）。

自由进入：企业可以没有限制地进入（或者退出）一个市场。因此，市场上企业的数量要一直调整到经济利润为零时为止。

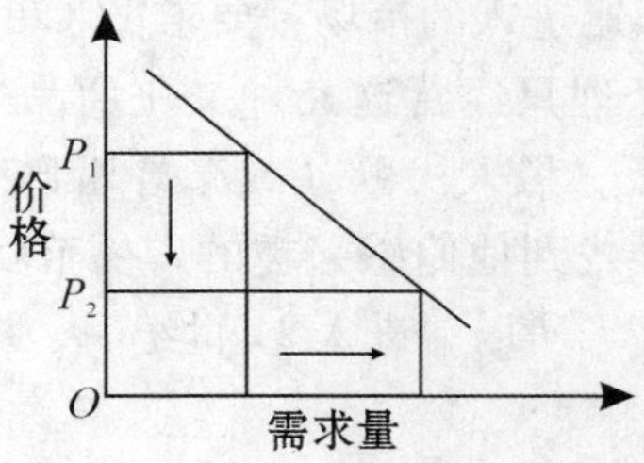

图 3-2　不完全竞争中的企业

传媒市场往往具有垄断竞争的一些特点。垄断竞争是名副其实的，是垄断和竞争的混合。由于每个垄断竞争者都面临一条向右下方倾斜的需求曲线，因此，有市场实力的企业收取的价格高于边际成本，产生了正经济利润。但是，由于许多企业的存在，同时进入与退出使得每个垄断竞争者的利润都趋向于零。

垄断竞争市场并不是完全合意的。无效率的来源之一是高于边际成本的价格加成。具有市场实力的企业的价格加成，使一些对物品的评价高于生产的边际成本（但小于价格）的顾客没有购买物品，从而产生社会的无谓损失。为避免无谓损失而强制实际边际成本定价，决策者就需要规制所有生产有差别产品的企业，而这种规制的负担将是巨大的。

垄断竞争引发社会无效率的另一个方面就是，由于企业自由进入市场，市场上的企业数量可能并不是“理想”的数量。一家新企业带着一种新产品进入市场时，会产生两种外部效应：产品多样化外部性，即由于消费者从新产品引进中得到了一些消费者剩余，所以存在与进入相关的正外部性；抢走业务的外部性，即由于新竞争者的进入而失去顾客和利润，所以存在与进入相关的负外部性。在垄断竞争市场上，新企业进入产生的效应既有正外部性又有负外部性。垄断竞争市场的产品是太多还是太少，这取决于哪一种外部性大。

垄断竞争有时称“有限竞争”，其特点是一个传媒市场中具有多家制造商和销售者，但其产品相似，只有很小的差别。[①] 例如，虽然1996年《电信法》通过取消广播所有权的限制而鼓励传媒并购，数百家独立的广播电台仍然在美国运营。然而，这些商业电台的大多数只经营有限的文化商品——诸如乡村音乐、古典摇滚和当代打击乐等——听众可以从中进行选择。因为商业广播电台现在是一个很难进入的市场，要求FCC的许可证和大额资本的投入，所以，大多数电台经理只经营这几种文化商品来吸引相当规模的受众。在这样的传媒市场环境下，黑人民歌（或布鲁斯舞曲）、另类乡村音乐或者古典音乐爱好者可能不会找到他们感兴趣的广播节目。一旦进入传媒，商业领域的启动成本就会抬高，所以，进入21世纪后，提供产品差异性的多样化传媒将会变得愈加稀少。

在美国市场上，直到20世纪80年代中期，AT&T还是一个由政府准许

① Mark R. Levy & Michael Gurevitch. *Defining Media Studies*. New York：Oxford University Press，1994. p. 202.

和管制的电话业垄断企业。计算机软件巨头微软公司在20世纪90年代被指控进行垄断经营，2000年，前联邦法院指令微软公司一分为二后，在联邦上诉法院暂时赢得了诉讼（2002年该案例提起诉讼）。在地方市场，垄断状况更加严重，很多城市出现了"一城一报"或者只有一家有线电视公司的情形，尽管美国政府已经通过阻止一家报纸在同一城市经营广播电台或者有线电视公司的相关法令，鼓励所有权多样化，但是很多地方传媒公司仍被全国或国际公司购买。例如，1999年，AT&T吞并了TCI，几十亿美元的交易成就了世界上最大的电话公司和世界上最大的有线电视运营商。在报纸行业，甘尼特拥有报纸逾百家，而多数运营商都居于其所在社区的报业垄断地位。

总之，垄断竞争市场并没有完全竞争市场全部合意的福利特点。从经济理论家的角度来看，垄断竞争市场上的资源配置也是不完善的。但由于这种无效率是模糊的，是很难衡量的，公共政策的实际决策者对改善这种状况也无能为力。

（3）寡头垄断的市场结构。

寡头垄断是典型的不完全竞争市场形式，在只有少数几个卖者的市场中，每个卖者都提供与其他企业相似或者相同的产品。研究产业组织的经济学家把市场分为四种类型——完全竞争、垄断竞争、寡头和垄断，表3－1列举了市场结构的四种类型。市场上企业的多寡是表明市场垄断或者竞争程度的基础，而不同企业的产品差异性则是区分市场是垄断竞争市场还是完全竞争市场的依据。

寡头企业之间通过"勾结"，达成生产和价格的协议，形成一个联合行动的企业集团卡特尔，并像垄断者一样行事来使自己的总利润最大化。但利己主义使他们接近于竞争，结果寡头可以更像垄断，也可以更像竞争市场，这取决于寡头市场上的企业数量以及这些企业如何合作和"共谋"：如果寡头独立地作出生产决策，其结果就是产量大于垄断和价格低于垄断。在寡头市场上企业数量越多，产量和价格就越接近于竞争状态下的水平。

寡头垄断企业之间的"勾结"、"共谋"和博弈可以说是博弈论的经典案例。用博弈论的术语为集中化市场中竞争企业之间的关系构建模型，是自然的事情。博弈论中的"博弈"是一场竞争或者争斗，在这场竞争中，一个参与者为实现其效用最大化所采取的最优行动取决于另一个参与者（或另几个参与者）的反应，而该反应反过来又受到对第一个参与者会如何反应的预期的影响。同时，博弈论也说明利己主义使人们即使在合作符合他们共同利益的时候也无法维持合作。

寡头垄断定价的相互依赖理论可以说是博弈论的又一经典案例。经过一系列的兼并之后，市场变成了寡头垄断市场。与有许多销售者的市场（每个销售者都太小，它对定价和产出的决定不能影响市场价格）相比，寡头垄断的市场只有几个销售者（“寡头”），其中一个销售者减价就会使他的销售量有实质性的增加，结果会使其他销售者的销售量显著减少，以至于他们会迅速地匹配降价。在寡头垄断这样一个高度集中的市场中，销售者可以预见，他从降价中获得的收益很快就会因为其竞争对手作出反应而下降为零，所以，他引发一场降价的可能性会小于自发市场中同样的销售者。由此可以看出，在寡头垄断的市场中，寡头是“相互依赖”的：他们的定价部分依赖于他们会得到的预期反应。所以，理性的寡头会选择避免激烈的价格竞争。

由于寡头之间的“勾结”、“共谋”和不合意，他们之间的合作一方面由于自身的博弈而瓦解，同时，政府为了使资源配置更接近于社会最优化，反垄断法的执行者们总是使寡头企业之间展开竞争而不是合作。这种法律的使用范围一直是有争议的。虽然在竞争企业之间价格固定显然减少了经济福利，应该是违法的，但一些看来减少了竞争的经营做法，如果目标明确仍然可以是合理的。传媒市场结构（如有线电视市场）具有寡头垄断的市场结构的特征，因此，决策者在运用实质性反垄断法的权力限制企业行为的时候，需要谨慎从事。

寡头垄断描述了几家公司支配整个行业的经济状况。在传媒行业，音像商业和电影业都属于寡头垄断市场。例如，书籍出版和电影行业中的故事片行业都是寡头垄断的市场格局，每个市场中都有 5 个或 6 个重要企业控制着整个行业大部分的生产和流通。三大国际电影公司——新闻集团、维旺迪和时代华纳——已经成为电影和出版市场中的支配者。通常情况下，生产企业之间彼此依赖，这样的公司很少面临来自独立小电影制作公司的经济竞争。寡头们经常通过购买成功运作的独立制片厂来增加新观点和生产线。

3. 传媒集中化与市场细分化

经济学中关于市场竞争和垄断的分析，很大程度上是一种理想化的描述，而市场运行的逻辑往往充满着矛盾和对立。美国的传媒市场具有不完全竞争市场结构的基本特征，而同时又表现出传媒市场特有的市场结构特点。目前，美国的传媒市场一方面表现为传媒集团的集中化发展，另一方面传媒集团在国内外扩张时，总是根据不同受众群体的地理环境、人口统计、消费心理和文化背景等来制作相似但不相同的文化产品，从而把国际传媒市场细分化。

在第二次世界大战和整个20世纪50年代，美国劳工组织利用工人获得了极大的利益，制造商和其他工业企业却在寻找削减劳工成本的途径。随着大生产向信息经济时代的转型，很多工作，诸如CD播放机的制造、电视播放器的制造和VCR的制造等，都将产地选在国外以规避美国工会管制下劳动力的高价。随着大公司跨越国界创办了小（分）公司，商务迅速在全世界发展开来。

最近，当全球性公司追逐更大利润的时候，他们瞄准了工作岗位紧缺的经济欠发达国家。但是，在很多情况下，美国公司的全球扩张与美国20世纪早期的情形正好相反。例如，亨利·福特降低汽车的价格，使得一般工人都能够承担起福特汽车的价位（实际上，由于引进了装配生产线，福特千方百计地把普通T型车的价格从1908年的850美元下调至1925年的260美元）。然而，在当今的很多国家，大多数工人还不能担负起他们主要在美国和欧洲市场购买的立体声设备和电视机的价格。

新的全球化主义与细分化的兴起相符。杂志、广播和有线电视工业在美国和海外寻找细分化市场，这在某种程度上与电视的全国范围内大众诉求是相背离的。然而，截止到20世纪80年代，电视甚至与家庭录像、有线电视日益流行的态势相反——开始呈现出细分化市场，目标受众是18岁到35岁的观众，他们掌握着消费支出的主流。年少和年长的观众越来越遭到广播网的"抛弃"，却受到其他传媒和广告商的追逐和青睐。诸如《十七岁》（*Seventeen*）和《现代成年人》（*Modern Maturity*）的兴起［现在的AARP《杂志》（*The Magazine*）］；"尼克珑顿"和"卡通网"（Cartoon Network）为18岁以下的受众市场服务，同时A&E和"时光"（Lifetime）频道诉求于女性和50岁以上的观众。

除了细分化和全国性的并购之外，现代传媒经济的真正特征在于国际范围内的战略联盟和协同作用。在亨利·福特时代，全国性的公司彼此之间相互竞争，而国内品牌受到挑战。例如，"日本造"产品在20世纪50年代是低等产品的象征，在80年代已经变成优等产品的标志，尤其是在汽车和电子工业领域。主要的外国电子公司开始批量购买美国大众文化产品以保障其电视、VCR和CD－ROM（现在的DVD和网站）技术。①

---

① Richard Campbell，Christopher R. Martin & Bettina Fabos. *Media & Culture*：*An Introduction to Mass Communication.* BEDFORD/ST. MARTIN'S，2007. pp. 463－465.

美国流行传媒产品之所以能够在全球疯狂扩张有几个重要原因。首先，传媒技术变得日益廉价和更加容易移植，允许在国内外大量应用。其次，录音机和 CD 变得更加牢固，索尼公司的随身听能够在家里的每个房间或室外进行移动。因此，即使当美国广播电台在境外不能收听的时候，美国音乐也可以到处行销。最近，互联网上大量的音像和录像节目发展成为全球性的流行文化浪潮。而且，通过卫星转播的图像使得北美和欧洲的电视节目可以在全球范围内收看。诸如 CNN 和 MTV 这样的有线电视频道很快从全国性战略发展到国际化战略，目前在 170 多个国家播放。最后，美国的 VCR、CD、DVD 和电视制造商通过把制造厂转移到国外而降低制作成本。而且，全球性的制造商允许国内市场亏损的公司在国际市场上获得利润。例如，大约 80% 的美国电影在美国都没有挣回投资成本，而依靠国外发行和家庭录像模式来弥补早期投资的损失。

在全球化的电视市场上，某些特定的节目在美国没有取得特别的成功，但在国际市场上却变得“火爆”。回顾 20 世纪 90 年代《海滩警卫队》（*Baywatch*）的热卖现象，这部影片被 NBC 取消后于 1991 年进入第一轮辛迪加销售。影片的制片人声称，截止到 20 世纪 90 年代晚期，这部关于海滩便衣救生员的冒险影片成为世界上最卖座的电影，有超过 10 亿的观众观看了这部影片。像其他动作片一样，这部影片的对话受到限制而且很简单，使它能容易且低成本地译为其他语言。①

按照传媒市场发展的规律，不同的传媒组织往往根据传媒产品的特点进行明确的消费市场定位。而传媒市场的细分与传媒产品的市场定位是互动的，传媒产品所传播的内容也要根据细分后的市场进行定位或调整。美国传媒市场的细分既是为了满足消费者市场的需求，也是传媒产业本身发展需要的必然选择。传媒竞争和传媒技术的变革促使市场结构的变化，不同传媒必然根据自身经济规模、产品类型来有的放矢地占领市场。传媒产业发展的规律说明，传媒组织必须把市场细分，有选择地占领市场。

一般来讲，美国杂志多为全国性的杂志，面向全国发行的《读者文摘》、《哈波斯》、《大西洋月刊》等“老字号”的杂志至今仍然行销全国。而美国报纸大多是地方性的，报纸的地区差异和种类划分是明显的，报业市场呈现

---

① Richard Campbell, Christopher R. Martin & Bettina Fabos. *Media & Culture*: *An Introduction to Mass Communication*. BEDFORD/ST. MARTIN'S, 2007. p. 465.

出细分的趋势。所以，美国传媒集团在确定传媒目标市场时，往往以市场细分为前提，针对细分化的消费市场来制作产品。鲁珀特·默多克的新闻集团在进军美国和英国电视市场时，根据两个国家的传播法规和消费市场的差别制定了不同的经营战略，而且节目内容的编排也讲究细分和针对性；美国各大传媒集团本土化经营战略的实施，从某种意义上讲也是全球传媒市场细分化的要求。而广告商对于地理、消费群体心理和人口统计以及文化差异细分化的要求，也是催生传媒市场细分化的直接动因。

20 世纪 50 年代，美国营销学专家温德尔·史密斯（Wendell R. Smith）首先提出“市场细分”概念，根据消费者群体对产品或营销的不同要求，把市场划分为不同的顾客群体。而传媒市场细分是指传媒按照一定的分类标准（地理、人口统计、受众心理、受众传媒行为），把进入的市场划分为若干供给和需求相似的分（子）市场，从而来确定传媒市场目标的过程。市场细分的基础包括消费者特征的九个主要因素：地理、人口统计因素、心理因素、消费心态（生活方式）特征、社会文化变量、使用相关的特征、使用情景因素、利益寻求以及混合细分形式。[①]

美国传媒市场的细分化是一个渐进的过程。从文化的角度来讲，传媒业的发展大致都经历了精英文化→通俗文化→分众文化的发展阶段。[②] 美国的报纸和杂志都经历过所谓的“精英→大众化→细分化（专业化）”的渐进过程。电视从诞生时起就是大众化的消费市场，美国的电视市场发展到今天，其细分化的程度很高。

美国传媒市场的细分化是在传媒集团集中化发展的过程中完成的。19 世纪三四十年代，随着美国报业的集中化发展，报业集团得以形成。19 世纪后期的工业革命和传媒技术的变革促进了美国传媒行业的快速发展，美国的报业以“90 年代的分水岭”为标志进入了“新式新闻事业”时期。1910 年以后，“一城一报”的报业市场竞争格局形成。“一城一报”格局代表着当时以地理区域为标准的传媒市场细分化的特征，不同地区的报纸为本地区的读者群体服务，报纸的发行范围也局限在地域市场的范围内。

20 世纪 20 年代和 40 年代，广播和电视开始纳入美国的新闻事业。广播电视的飞速发展促进了美国传媒市场的成熟和细分化，市场的供求变化也在

---

① L. G. 西夫曼，L. L. 卡纽克．消费者行为学．俞文钊，肖余春等译．上海：华东师范大学出版社，2002. 48

② 吴飞．大众传媒经济学．杭州：浙江大学出版社，2003. 82

改变着传媒市场，美国的广电市场逐渐由卖方市场向买方市场过渡。美国杂志也在80年代完成了由大众化杂志向专业化期刊的过渡。不同地理区域、心理因素、消费心态（生活方式）和文化背景的受众对于广播节目有着不同的要求，而广告商也不再是“广而告之”的简单诉求，他们开始追逐目标受众，向瞄准的特定受众群体诉诸其产品或者服务。

传媒市场的变化和广告商的要求促进了传媒市场的细分化。不同形式的传媒必须以各自特定的受众群体来制作内容，电视台必须设立专门的频道，电视的“窄播”时期已经来临。有线电视的崛起为电视频道的专业化提供了技术保障，它拥有系统的有线电视网络，不同的有线频道可以为特定地区的目标受众提供节目和服务。

除了走向合并的态势之外，今天的传媒市场也具有弹性的特征。新的灵活性经济以服务性部门的扩展为特征（大多数是健康维护、银行、固定资产、快餐、音像租赁、互联网域名企业和计算机软件），并追逐个体消费者喜好的产品。这种类型的经济模式依赖于廉价劳动力，需要经常剥削工人，而且以大的销售额来弥补为特定市场生产的如此细分化产品的成本。

假如80%到90%的新消费者和传媒产品失败了（以很多网络域名公司最近的失利为明证），一个富有弹性的经济机制就要求进行快速的产品研发和充分的市场调研。公司需要进行几次促销活动来弥补没有成功进入市场的产品的投资。例如，在夏季电影放映的旺季，电影院初次上映很多新的片子。只有几部片子是成功的，大部分片子都是亏损的，而电影院希望通过录像和DVD租售来弥补他们的损失。类似的情况是，电视网也在秋天引进很多新的节目，然后迅速更换那些不能吸引受众或者大批“右翼”观众的节目。同时，新的音乐唱片每天在广播和店铺中出售，而杂志则通过超级市场的书架和直接邮递来展开对受众的注意力的竞争。当然，这种富有弹性的体系特别有利于大公司进入不能轻易地弥补由于产品失利而引发损失的小行业。[①]

美国的传媒集团在实施集中化发展的同时，依赖市场的结构变化、细分和弹性等情况来制作产品、营销发行，以此来制定相关的发展战略（本土化、纵向一体化等）。传媒集团的集中化发展战略与弹性市场细分化的经营战略相辅相成，共同服务于集团的总体发展战略和目标。

---

① Richard Campbell，Christopher R. Martin & Bettina Fabos. *Media & Culture*：*An Introduction to Mass Communication*. BEDFORD/ST. MARTIN'S，2007. p. 463.

二、传媒市场与规制

美国传媒的属性是产业化经营的企业，如果没有反垄断法和联邦通讯委员会的约束和规制，被利润驱使的传媒集团总是要追求垄断的。因为垄断是自始至终贯穿企业发展的一种“寻租”行为，从工业革命以前古典经济学时期最原始的行政规制和垄断，到现代意义上财团的“垄断”行为，垄断是获取市场份额和利润的直接手段。它的存在伴随着贸易行为本身，不论是成熟的市场还是尚未得到开发的市场，人们有交换行为，有价格和生产成本就有产生垄断的激励。同时，传媒具有公共产品的性质，它是美国宪法唯一保护的一个行业，美国宪法第一修正案规定国会不得制定限制新闻自由的法律。传媒产品属于公共资源（产品），它的配置更多地涉及社会福利和意识形态领域。有序、公平、充满竞争的传媒市场对于消费者（受众）和政府、社会福利都是合意的。

1. 政府规制的内涵与演变

从经济学角度看，规制是一种经济寻租。“寻租者”是一个意味着经济的任何部分或全体对收入分配所进行的自私自利行为的概念。当把它应用于当代经济规制分析的时候，其含义就是：议员、国家立法者、地方议会议员等政治家按自己的利益，向个别企业家或商人、或其他利己主义导致需要规制的任何集团提供政府垄断特许权和规制。这种利己的活动并不意味着政治家将接受直接的现金支付，虽然我们可以看到，在重商主义时期，后者是更为常见的。①

旧的重商主义可能把经济规制看作是竞争过程中产生的结果，因而将其看作是利益集团寻求国家保护使其免受竞争的结果。在重商主义中，相关的利益团体中部分是地方行政管理者、商人和城市劳动者团体，部分是从事国家和国际生产、贸易的垄断利益团体。

从经济学的角度来讲，规制就像一种产品，它和其他产品一样，有供给和需求。对于那些从规制中追求利益的人来说，如果其他条件不变，净利益的下降将导致对规制需求量的减少。同样，供给规制成本的提高，例如，当供给规制的能力从单个人（一个统治者或独裁者）转向一个团体（议会或者

---

① ［美］小罗伯特·B. 埃克伦德，罗伯特·F. 赫伯特. 经济理论和方法史. 杨玉生译. 北京：中国人民大学出版社，2001. 41

地方立法机构）的时候，就意味着我们将预期规制的供给下降，均衡的规制数量减少。在重商主义时代，商人寻求规制的激励是他们预期能够获得垄断特权，即受国家的保护。在这一方面，重商主义的经济逻辑跟隐藏在现今许多政治经济活动背后的逻辑是相同的。当时的工匠或者现在的传媒集团，在游说国家规制使其免于与其他集团，例如与一般消费者进行竞争方面，拥有内在的组织优势（如当时的工匠组织和现今的联邦通讯委员会）。通常而言，成功利益集团的收入是从受规制产品的消费者那里转移过来的财富。

欧佩克（OPEC）卡特尔是集中化控制下作为垄断者活动的许多企业的正式联合。价格和产出份额一般向卡特尔成员分配，卡特尔成员的行为以某种方式受到检验或控制。卡特尔可能是私人组织的，也可能是公共组织的。当卡特尔安排没有法律约束时，会产生一种强烈的具欺骗性质的对卡特尔价格或产量协议的激励效果，因为每个企业都可以从降低价格或在所规定的市场之外销售而获得大量的收益。因而大多数私人组织的卡特尔是不稳定的，它们随着时间的推移而趋于破产。因此，规制是把一个行业组织成为一个卡特尔的普通（而且是不昂贵的）手段，因为规制为卡特尔的持续存在提供了实施的规则。通过规制，以反对“欺骗”的法律约束为后盾，政府可能试图控制诸如进入、价格和利润项目。从政府规制的变化轨迹中，也可以清楚地反映出经济发展和经济学进路的影响和主导作用。

关于政府规制的概念曾引起经济学家和相关学者们的争论，就此达成的共识是：政府强制力、经济主体、市场机制是构成政府规制概念的三要素，即政府使用强制力对经济主体的行为进行限制以维护市场机制。而斯蒂格利茨认为，政府对产业的保护、扶助以及合理化的转换等，都应看作属于政府微观规制的范畴，如为了促进技术创新而进行的税收，减轻反托拉斯法的执行力度，以及对幼稚工业的保护等。可见，斯蒂格利茨已经把政府规制拓宽到这样的范畴：政府在不该干预经济的时候，使规制让位于市场的做法也是一种政府规制行为（如减轻反托拉斯法的执行力度等）。

政府规制贯穿现代经济发展史。相关的研究表明，政府规制理论有规制公共利益理论、规制俘虏理论、放松规制理论、激励性规制理论和现代规制理论。从几个规制理论中，可以清楚地反映出政府规制理论的“淡化”轨迹：从市场机制条件下直接干预经济的政府规制，到市场失灵时为提高资源配置效率、实现社会福利最大化的规制公共利益理论。20 世纪 70 年代，西方发达国家出现了“放松规制”的浪潮，同期出现了规制失灵的规制俘虏理论，进而是积极规制的激励性规制理论，然后，走向现代意义上信息经济学基础上的规制理论。

规制公共利益理论以市场失灵和福利经济学为基础，认为规制是政府对公共需要的反应，其目的是弥补市场失灵，提高资源配置效率，实现社会福利最大化。即政府规制是针对私人行为的公共行政政策，是从公共利益出发而制定的规则。

规制俘虏理论认为，政府规制是为满足产业对规制的需要而产生的，即立法者被产业所俘虏；而规制机构最终会被产业所控制，即执法者被产业所俘虏。

20 世纪 70 年代，西方发达资本主义国家开始“放松规制”。支持规制放松政策的主要理论有可竞争市场理论、政府规制失灵理论等。

放松规制不等于全部取消规制，而是必须对传统规制制度进行改革，因而，激励性规制应运而生。而现代规制理论考虑了信息约束，其形成在很大程度上得益于信息经济学的发展。[①]

传媒市场的经济学特征决定了传媒企业要受到政府的规制，而且具有特殊的规制政策。第一，自然垄断行业的属性决定它属于规制性产业，而且置于政府独立机构的规制之下；第二，传媒产业的生产具有规模经济的特征，它的规模效益需要在一个巨额设备投资、大量产品生产和营销，以及巨大的消费受众和潜在受众基础上，才能充分体现出来，因此，它和其他具有自然垄断属性的产业一样需要政府规制来调节资源配置，防止绝对垄断。有限的频谱资源和网络化的产业特性又决定了传媒产业的规制重在结构规制方面。[②]

2. 市场与政府规制的界限

政府规制一般指具有法律地位的、相对独立的政府管制者（机构），依照一定的法律对被管制者（主要是企业）所采取的一系列管理与监督行为。政府规制的理论依据来自政府干预理论。在市场经济中，政府借助公共政策对市场进行干预，以克服或弥补市场机制在资源配置上的失灵，促进公平竞争，扶持新兴产业，保护生产者和消费者，满足社会需要，达到政治目的。政府规制包括经济型规制和社会型规制。

经济自由发展所依赖的基础是充满竞争的市场，政府怀着“寻租”的目

---

① 陶爱萍，刘志迎．国外政府规制理论研究综述．新华文摘，2003（9）：189

② 胡正荣．外国媒介集团研究．北京：北京广播学院出版社，2003. 53 ~ 54

的或为了纠正市场失灵时的效率缺失则要干预经济，对企业行为进行规制。自由竞争与政府规制两者之间的矛盾是永恒的。那么，两者之间的适宜边界在哪里呢？

在市场经济的初级阶段，经济学家亚当·斯密（1776年出版古典经济学的经典著作《国富论》）极力鼓吹市场这只“看不见的手”的作用，抨击重商主义时代政府对经济活动的无端干预，呼吁通过自由市场的作用保持经济的高效率。当时的大多数西方国家在这种时代精神的影响下，采取“自由企业制度”，政府对经济活动的干预日趋减少。但是，“钟摆”最终还是要摆回去，正如萨缪尔森所言：“远在这种倾向达到完全的自由放任（即政府完全不干预私有企业）的状态以前，潮流开始向相反方向转变。自从19世纪后期，几乎在我们所研究的所有国家中，政府在经济上的作用都在稳步增加。”[①] 美国反垄断法的制定和实施（尽管开始时反垄断法的效果是微弱的）表明，美国政府对经济发展中出现的具有支配地位的大公司及其垄断保持着密切的关注与相应的干涉。

在整个20世纪上半叶，世界范围内产生了一种政府行政权力扩大的趋势。美国社会逐渐地转型为“行政国家”，行政机构的权力在扩张。当时，正是凯恩斯主义盛行的年代，美国政府强调代表公共利益来组织、管理经济和干预经济，罗斯福新政更把美国推向一个“规制资本主义”。经济发展的规律和政府对企业的规制哲学同样适用于传媒领域。此时，美国传媒行业的状况是，联邦通讯委员会成立，并对广电传媒及其市场进行管理。

传统经济学认为垄断行为属于市场失灵的范围，作为社会资源配置的优化者及社会福利的维护者，政府必须强化对垄断行业的规制。从20世纪30年代以来，西方国家对垄断行业实行严格的规制。但是，政府规制是否就像许多人认为的那样——“一管就灵”，政府规制能够有效地纠正市场失灵和制止垄断行为吗？结论是模糊的。从理论上看，市场可能失灵，而旨在纠正“市场失灵”的“政府规制”也可能失灵，垄断行业的一些弊病本身就是规制带来的结果。由于规制机构与被规制企业之间的信息不对称、个人私利等原因以及规制机构相对于上级政府或公众的代理问题、规制机构被利益集团俘获问题、规制机构只有有限承诺能力等原因，以价格和进入壁垒为主要手

---

① 吴敬琏．市场和政府的界限在哪里？——评《制高点——重建现代化世界的政府与市场之争》．新华文摘，2001（10）：214

段的政府规制规则存在着很大的弊端（如规制企业普遍存在效率低下、活力不足；政府规制成本不断增高，“寻租”行为泛滥；政府规制不能适应市场环境的变化，“规制时滞”问题突出等，使得规制的结果与初衷相背离，导致产业效率低下和社会福利的损失，等等）。[①] 所以，政府规制的效果是有限的，并不是能完全纠正市场失灵或解决外部性的“尚方宝剑”，政府规制也有失灵的时候。

强化政府职能的趋势大约持续到20世纪70年代，“摆钟”再一次转向。当时的美国经济处于“滞胀”中，而政府干预、垄断经济的体制所造成的弊端也逐渐显露出来。里根政府执政时期，开始实施市场取向的解除规制的经济政策，发挥市场作用的同时削弱政府对经济的干预，引发了联邦通讯委员会放松规制的“解法”运动。

世界很多国家经济发展的实践和教训以不争的事实表明，政府过多地干预经济，往往会遏制企业的创造性，使经济缺乏效率和活力；而在市场与政府规制的二元结构中，务实的做法是保证市场的公平、有序竞争，同时适度地发挥政府的作用，通过市场和政府的有机结合来促进经济的健康发展。同时，应当正确对待政府干预经济时无法消除的不确定性，谨慎地实施反垄断法等规则，建构科学的、富有弹性的规制机制，发挥自然市场的力量，及时抵消政府干预所造成的沉重的社会成本。

3. 传媒市场的自我调整系统

现代科学的发展证明，社会首先是一个自组织系统，自然界和人类社会中存在着很多这样的自组织系统或子系统。任何一个独立的自组织系统都不断地与外界环境进行着物质和能量的交换，外界环境对系统施以恒定的、持续的作用，而系统在一定的条件下自行产生组织性和相干性，完成从无序向有序的过程，从而实现有序程度的提高。[②] 在社会环境和条件发生变化的时候，社会自组织系统自身就会自动调节并与之相适应，不需要政府加以组织和调节。当然，社会自组织系统与自然界和思维中的自组织系统相比，有其自身的特殊性，社会活动的复杂性决定了国家和政府对社会进行管理的必要性。

传媒市场是一个自组织系统，具有自我调整的功能。如果没有政府和联

---

① 王仕军. 反垄断一定要强化政府管制吗？http：//www. jjxj. com. cn

② 严怡民. 信息系统理论与实践. 武汉：武汉大学出版社，1999. 90

邦通讯委员会规制的干涉，传媒市场可以依靠自我调整功能消除市场失灵的不确定性和负面影响。鉴于传媒市场的自我调节能力，政府行为有时候会变得无足轻重。而且，美国的大多数有线电视公司和广播公司的管理者都具有单独的或联合同行的自我调整的能力，他们所采纳以及保持的标准应当是既考虑到公众利益，又考虑到他们自身的利益。

自我调整系统的真正障碍是企业所有者和管理者并没有把广播作为自己的事业，而是作为赚取利润的手段。随着传媒的兼并以及媒体所有权逐渐作为追求财富的工具，美国传媒集团的利润在逐步增长，可能会利用其市场垄断力，损害公众利益和公平竞争的市场机制。

对任何类型的电台或电视台来讲，政府的规制规则曾经是广播电视的运行准则。但是，作为电视台成员资格的规则符号对观众来说没什么意义。现在，考虑到自愿资格（包括年费以及对节目和广告种类、时间）的限制，电视台要求成为 FCC 管制下电视网“会员”的呼声很高，近 2/3 的国家电视台和 1/2 的电台愿意加入并交付费用。尽管大量的电视台对实业法没有兴趣，但大多数电视台认同了这种资格，这表明了某种需要传媒自我调整的愿望：部分是为了摆脱政府管理，部分是为了确立标准和加速可接受的商务通行过程。20 世纪 90 年代，这种自我调整的法则观念开始复兴，响应了当时流传于公众和议会中的广泛言论，并抢先于政府调整之前。

政府规制对市场失灵的补救措施不仅是有限的，而且也有失灵的时候，尤其是对于生产公共文化产品的传媒市场而言更是如此。这个时候，富有弹性的规制规则就显出其科学性来，但最好的办法还是像经济学（科斯定理）所说的那样，求助于私人市场。政府可以制定针对外部性的政策，而以市场为基础的政策往往能够提供激励，使私人决策者进行合理的选择，从而通过私人市场来解决这个外部性的问题。只要适当地重新确定方向，市场的力量往往是解决市场失灵的最好办法。

第四章 ▶ 美国反垄断法和传媒垄断

传媒集团通过并购、联合或吸收等方式实现集中化的规模经济发展，使传媒市场的资源得到合理的配置，产业结构得以优化；同时，“公共领域”的传媒产业（尤其是电视产业）具有自然垄断的属性，属于政府重点规制的产业。西方国家大多将传媒产业置于政府或政府设置的独立机构规制之下，使其受到反垄断法等法律规范的制约和调整。美国传媒产业是在市场竞争性环境和法律规制性环境的共同作用下不断发展和调整的。[①]

尽管对传媒集团合并后集中度的评估方法是不同的，有时候也难以测度，但合并是导致传媒所有权集中的主要制约因素，传统的反垄断法及其结构上的变异都对传媒所有权的集中感兴趣。

美国在线和时代华纳的合并就受到了反垄断法的制约。其实，美国在线和时代华纳开始提出合并的时候，曾遭遇国人的抵制。2000 年 4 月 26 日，美国消费者联盟向美国政府提交了一份由美国消费者联合会、媒体教育中心和媒体社团联合签名的文件，要求美国政府阻止美国在线和时代华纳的合并计划，因美国在线在电视和网络内容领域、网络传输领域的势力过于集中，他们对此表示担心。文件指出，合并计划不符合公众利益，因为它将造就美国在线和美国电话电报公司在美国互联网领域至高无上的地位，市场份额被

① 胡正荣．外国媒介集团研究．北京：北京广播学院出版社，2003. 33

垄断性地占据，限制了消费者的选择，并且导致收费价格的提高。[①] 2002年12月，美国贸易委员会（FTC）虽然有条件地批准了两者的合并，但联邦通讯委员会在FTC的条件里增加了相关的限制条款，对合并后的公司进行严格的监督，确保竞争对手的利益。

美国在线与时代华纳的合并归根到底是与旨在维护市场竞争和社会福利的反垄断法精神相抵触的，但是，合并还是成功地完成了。对此，我们只有在反垄断法之外去寻找原因。传媒集团的横向或纵向集中必然带来传播业中企业权力的延伸。跨国传媒集团在全球范围内的扩张是否会危及国家主权及其对传媒的控制能力呢？美国国会、政府、传媒行业和民间社会对此有很大的争论，而且观点各异。从政府对传媒业放松规制和传媒集团一浪高过一浪的并购潮中不难看出，这样的观点占据了上风：跨国传媒集团有利于维护美国国家主权和利益，而且传媒集团的集中化发展并没有使国家对其控制失控。美国的政策制定者认为，传媒集团是美国的，至少代表美国的利益，如果好莱坞的大多数公司都被外国人所控制的话，美国的国家利益何在？所以，美国的政策制定者们不再对传媒集中可能限制生产者和发行者的多样性，进而会限制信息的传播感兴趣，而是选择了传媒集团的集中化发展，甚至“无暇”顾及反垄断法的存在。

随着反垄断法主流观点的变化，政府对传媒集团所有权集中化的控制重点也发生了变化，从传统反垄断法所关注的市场占有率标准转向以公司规模和市场中产品的多样性为标准。根据这种比较宽泛的传媒集中化标准，在一个特定的市场里，假设只有一家公司垄断有线电视的所有权，但它同时在许多不同的频道中提供了许多不同的意见；而另一个特定的市场中虽然存在所有权不同的许多报纸，但其观点大致相同，两个市场比较起来，还是前者的集中度小，而且前一种集中度高的传媒垄断市场更有“合意”的成分，对整个社会福利有利。[②] 所以，有时候，传媒市场中垄断是必要的，因其不仅提高了市场效率，同时必要的垄断也是传媒行业“规模经济”和“公共产品”等特征的特定要求。因此，旨在维护市场竞争机制的美国反垄断法的主流观点发生了一定的变化，倾向于放松规制，而代表美国政府对传媒行业进行具体监管的联邦通讯委员会同步“解法”，为美国传媒业的集中化和发展创造

① 无边. 时代华纳美国在线合并案遭抵制. 中华工商时报，2000-04-28

② ［加拿大］文森特·莫斯可. 传媒政治经济学. 胡正荣等译. 北京：华夏出版社，2000. 176~180

了良好的法律和政策环境。

从 20 世纪 80 年代以来，在反垄断背景下，美国政府和联邦通讯委员会对传媒集中化实施“解法”或放松规制，致使传媒行业接连发生了两次并购浪潮，而且大有愈演愈烈的趋势。当然，传媒集团的集中化发展有全球化或经济文化一体化等国际环境的影响，而反垄断法本身所发生的变化和执法进路的趋势也应该是一个重要的因素。基于这样的分析，我们有必要对美国反垄断法及其演变的轨迹进行分析。

一、美国反垄断法概述

美国是现代反垄断法的发源地。谢尔曼反托拉斯法作为世界上第一部现代反垄断法，是针对美国经济中察觉到的卡特尔和垄断现象于 1890 年通过的，它是美国市场经济发展的结果。1865 年，美国南北战争结束以后，随着资本主义生产方式逐渐成熟，美国经济迅速发展，期间也形成了垄断组织即托拉斯。托拉斯组织对中小企业进行疯狂的横向兼并（卡特尔），掀起了美国历史上第一次企业兼并浪潮。企业过度的集中化直接危及资本主义经济赖以生存的前提——自由竞争，进而危害了社会福利。19 世纪 80 年代，美国爆发了一场抵制托拉斯的大规模群众运动，在这样的背景下，谢尔曼法问世了。

美国反垄断法是对用以控制那些对自由竞争进行不合理限制、促进垄断或实施违背社会公共利益行为的大型企业集团的法律的总称。其特点是法规框架大，具体法规简单而模糊，“反托拉斯法像一个大森林那样，是由几粒种子发展起来的”①。单从构成来看，反垄断法就给人以规范和适用范围都具有弹性的印象，使人自然地想去观察美国反垄断法在不同年代所呈现出的不同画面。美国的几部基本的反垄断法规都建立在判例的基础上，必须根据每个案件的具体情况对此加以解释，但外国企业可根据其业已形成的各种原则对自身的经营行为作出初步的判断。美国反垄断法的成文法规和程序法包括：

1890 年的《谢尔曼法》：美国反垄断法的基础，其中第 1 条和第 2 条两个关键条款至今仍是美国确定垄断行为的基本准则，虽然人们对这两条规定的解释一直争论不休。谢尔曼法中构成美国反托拉斯公共政策基础的两个关

① ［美］保罗·A. 萨缪尔森，威廉·D. 诺德豪斯. 经济学（第 12 版）. 萧琛等译. 北京：中国发展出版社，1992. 902

键条款是："任何以托拉斯或其他方式限制州际贸易或对外贸易的合同、联合或共谋均为非法"；"任何垄断者或企图垄断者，或与他人联合或共谋垄断州际或与外国间的贸易或商业之任何一部分者，均被视为刑事犯罪"。

1914 年的《联邦贸易委员会法》：1914 年联邦贸易委员会法通过并建立了联邦通讯委员会，其主要职能是禁止"不正当的竞争方法"以及警告反竞争的合并者。该法第 5 条款经修改后变为："对于商业中各种不公平的竞争方法和不公正或欺骗性的行为或做法，均据此宣布为非法。"该条款对美国的反不正当竞争、反托拉斯行为具有一定的指导意义。

1914 年的《克莱顿法》：美国国会为了澄清谢尔曼法的易于被曲解的地方，通过了克莱顿法，同时加强了谢尔曼法的内容。克莱顿法对实际上导致竞争减少的独家交易、价格歧视、连锁董事会和合并等行为进行限制。该法在联邦贸易委员会法被批准后不久出台，在美国反托拉斯公共政策体系中占有十分重要的地位。1980 年的反托拉斯诉讼程序改进法对该法的第 7 条进行了修改，使独立核算的大型合伙企业和不具备法人资格的合营企业都要受到该法的管辖。但该法的规定也很笼统。

1936 年的《罗宾逊—帕特曼法》：该法是对美国反垄断法的修改和补充，旨在鼓励价格统一，消除价格竞争。其目的是保护美国小企业的利益。由于该法是在 30 年代经济大萧条时期制定的，因此有一定的局限性，现在已不太适用。

1950 年的《赛勒—克福弗反合并法》：该法是对克莱顿法主要漏洞的弥补。由于克莱顿法只是禁止通过购买股票而造成的合并，而这一个漏洞使人们可以通过购买所有权或资产进行合并，所以赛勒—克福弗反合并法堵塞了这个漏洞。

此外，美国从 1968 年以来先后颁布的四部《合并准则》具有详细的、可操作性的规定，是目前为止最具有指导性的反垄断准则。1968 年通过的反托拉斯《合并准则》于 1982 年和 1984 年经过修订，1992 年美国司法部和联邦贸易委员会又联合颁布了《1992 年横向合并准则》，集中体现了美国的合并政策，强调了只有横向合并才是合并政策的核心，对非横向合并，也是以它所产生的横向影响为处理依据。

美国主要的反垄断成文法有 6 条：谢尔曼法第 1 条和第 2 条，克莱顿法第 2 条、第 3 条和第 7 条，以及联邦贸易委员会法第 5 条（见表 4－1）。这些实体法是对横向限制、寡头垄断、纵向限制、合并、垄断化行为的规范和禁止。例如，谢尔曼法是美国反托拉斯公共政策的基础，第 1 条禁止限制贸易的协议、联合与共谋，即“每一个限制了各州之间和与外国的贸易、商业来往的契约，以托拉斯或其他形式出现的联合，或勾结都被宣布为违法”；第 2 条禁止垄断化、共谋垄断化和图谋垄断化，即“每一个将要垄断、企图垄断，或与任何个人或一些人联合或勾结起来垄断了部分各州之间或与外国的贸易或商业往来的人，都被认为是犯有重罪的人”。

表 4－1　　谢尔曼反托拉斯法

谢尔曼反托拉斯法（1890 年，修正案）
1. 任何以托拉斯或其他方式限制州际贸易或对外贸易的合同、联合或共谋均为非法
2. 任何垄断者或企图垄断者，或与他人联合或共谋垄断州际或与外国间的贸易或商业之任何一部分者，均被视为刑事犯罪
2. 对级别和质量相同的各种商品的不同购买者实行区别对待的价格……是非法的……这种区别对待的影响实际上会减少竞争或倾向于引起任何一种商业的垄断……其前提是，这里不包含有任何因素会限制只由于成本差别而引起的差别……
3. 按租借者或购买者不使用或不经营一个竞争者的商品的合同、契约或协定……来租借、出售或签订合同……对任何一个人都是非法的……其影响……实际上可能是在任何一个商业中减少竞争或形成垄断
7. 没有一家（公司）……可以获得……另一家（公司）的全部或任何一部分……在这里……这种获得的影响可能是减少竞争，或引起垄断
联邦贸易委员会法（1914 年，修正案）
5. 不公正的竞争方法……和不公正的或欺骗的行动或实践……被宣布是非法的

（资料来源：保罗·A. 萨缪尔森、威廉·D. 诺德豪斯：《经济学》，第 12 版（下），903 页，中国发展出版社，北京，1992 年。）

从谢尔曼法到现在的反垄断法，一些旧的条款已经被有关行为结构的条文或者对合并的限制条文所代替。换言之，反垄断法发展到今天，它的基本问题可以归结为对危害竞争的垄断行为、结构及合并的限制。

美国反垄断法通过很复杂的方式规范包括传媒组织在内的企业组织。而根据传统的反垄断法成文法的解释，限制竞争垄断化的行为主要有以下四种形式：

卡特尔协议：这是企业之间为了控制其产品的生产、销售和价格而在特定的行业和商品中取得垄断的一种协议，有价格协议、市场范围协议、联合抵制协议等。就卡特尔而言，它们自身通常都是违法的。订立卡特尔，控制企业之间产品的生产、销售和价格，目的在于限制竞争、取消竞争，因此明显地具有反竞争的效果。

纵向限制行为：纵向是对处于不同经济层次上的企业而言的。处于不同经济层次上的企业之间是不存在竞争的，但有些纵向协议中可能包含某些限制竞争的行为，也是反托拉斯法所不允许的。典型的纵向限制竞争行为有：搭售安排、价格歧视、独家交易协议等。

搭售的商品是出卖人与买受人之间订立的一种协议，规定买受人购买某种商品时必须同时购买另一种商品。如果这种协议能导致实质上减少竞争或形成垄断趋势，则它们就是非法的。美国司法部1985年制定的一部《纵向限制行为准则》中使用的主要是数量标准，根据从事搭售行为的企业所占市场份额的大小来认定其是否违法。

价格歧视是指货物的出卖人要求购买同一等级、同一质量货物的不同买受人支付不同的价格。价格歧视的纵向方面指供货人的歧视行为会对购货人之间的竞争产生影响，而且购货人的顾客会因此遭受竞争方面的不利。

独家交易协议是指合同一方只使用或经营合同另一方当事人的商品而不使用或不经营其他竞争者的商品。独家交易协议是合同双方当事人订立以此为内容的协议。美国法院在某案例中认为：分析独家交易协议的竞争效果时，正确的方法是考察协议有没有覆盖有关市场的主要部分。只有在一部分重要的买受人或出卖人因独家交易协议的存在而被排挤出市场时，这类协议才是不合理的，非法的。

垄断：垄断是限制竞争行为的一种特殊形式。它是指一个企业在某种产品市场上有控制和独占的权力，没有任何竞争者能与之相竞争。确定一个企业是否垄断，首先要确定相关市场的范围：从产品和区域两个方面对市场作出判断，然后考察某个企业在该市场上是否享有垄断地位，即企业在相关市场上控制价格或排斥竞争的能力。美国的法院除了考虑市场份额外，还考虑包括企业制定价格的行为，企业及其竞争者的金融实力，企业的学习优势，企业产品的花色品种以及企业固定需求的90%都是通过长期租赁合同受该企业控制的事实。

企业合并：在不完全竞争的市场结构中，一些企业往往不是通过竞争，而是借助于合并得到发展的，从而使市场结构更趋集中。同时，处于垄断地位的企业通过行使市场力量来提高价格、减少数量，从而损害消费者或者其他生产者利益，因而需要规制部门对滥用垄断力量的行为予以识别和控制。①

美国的《合并准则》是反垄断机关处理企业合并的具体指导准则，在观念上区分了有利于竞争的合并和反竞争的合并，并制定了 HHI 指数，用来衡量市场集中化的程度。HHI 分为 3 个区段，低于 1 000 点的为未集中，1 000 至 1 800 点之间的为中等程度集中，1 800 点以上为高度集中，达到 1 万点为纯垄断。企业在未集中市场合并不受限制，只有合并导致中度集中市场 HHI 指数上涨 100 点以上或导致高度集中市场指数上涨 50 点以上，反垄断机关结合对其他相关因素的分析后，才会决定采取相应措施。其他相关因素包括市场条件的变化、新技术的应用、有关企业的财力物力、进口关税或出口配额等源自国际市场上的障碍、进入市场时存在的障碍的大小以及相关市场上企业之间产生的多样化等。1984 年的准则明确规定还应考虑合并的效益因素，合并企业必须证明效益是以明确的和令人信服的证据取得的，而且只有通过合并才能取得，执行机关认为其合并的结果不是反竞争的，此因素才可作为不是集中的理由。

反垄断法的条款既有关于"垄断"结构（具有垄断力的企业组织或者处于垄断地位但未实施垄断行为或图谋垄断的企业组织）的规定，如合并、市场独占地位和集中，又包括垄断行为的规定，如同谋、固定价格和掠夺性定价等。企业结构上的集中或垄断，不是构成反垄断法所规范和约束垄断行为的充分条件，处于垄断地位的企业组织（具有垄断力或者处于垄断地位但未实施垄断行为或图谋垄断的企业组织）不一定是实施了反垄断法规定禁止的违法行为。而且，在反垄断法的执法行为中，滥用垄断地位排斥或限制竞争的垄断行为的测度和证据很难把握和取证，这成为反垄断法执法富有弹性和变数的重要原因之一。

美国反托拉斯（垄断）司是在 1933 年作为司法部的一个独立机构而建立的，主要是执行谢尔曼法和克莱顿法，诉讼中具有刑事诉讼程序和民事诉讼程序。根据美国颁布的反垄断民事程序法规，司法部有一种特殊权力，使其在诉讼程序之前有权通过调查，要求任何人提供有关民事反垄断调查的一切书面材料。而"同意令"的程序，即原告（通常是政府）与被告（企业）

---

① 孔祥俊. 反垄断法原理. 北京：中国法制出版社，2001. 52 ~ 79

诉讼之前要签订一个协议，被告停止进行所指控的违法行为。如这种协议被法院批准，法院就会发布一个“同意令”，终止审判，这样被告将不会因违反了反垄断法而被判处有罪。

联邦贸易委员会也是一个独立的执法机构，但属于准司法机构性质。它除了管辖联邦贸易委员会法和克莱顿法之外，还包括贸易等方面的法律。如有案件指控到联邦贸易委员会，委员会审理并裁决后，被告不服可向委员会提起上诉。委员会与司法部反托拉斯司一样有“同意令”的程序。委员会一旦作出同意令，向社会公布，满60天无异议，同意令就生效；如公众评论表明不适合，则可能撤销或者修改。一般而言，同意令对被告的处罚较轻，但具有与委员会根据完全程序产生的命令一样的法律效力。

美国反垄断法对违反了反垄断法行为的处理，主要有罚款、监禁、赔偿、民事制裁、强制解散、分离、放弃等。其中罚款的规则非常严厉，即举世闻名的“三倍罚款”：一旦公司被认定违反了反垄断法，就要被判罚3倍于损害数额的罚金，而且罚金只能有1/3在其所得税中扣除。最严厉的制裁是解散，但现在法院已不大采用这一措施。

美国反垄断的一个重要特征是它的国际效力。只要限制竞争的行为在美国国内市场上产生了效果，那么不管这种行为是在什么地方发生的，都可以适用美国的反垄断法。

反垄断法是一个有关垄断和垄断行为的经济政策和法律约束的领域。反垄断法中的垄断或者独占与经济学中的垄断具有不同的含义：经济学所说的垄断往往是指一种没有竞争的市场状态，而反垄断法所禁止和约束的垄断不是指这种状态，而是滥用这种状态的行为，以及虽然没有这种状态而谋求此类状态的行为（如卡特尔协议）。

“保护竞争而不是保护竞争者”是说明反垄断法立法目的的著名论断，即反垄断法维护的是市场竞争机制，通过维护市场机制提高经济效率或者实现其他社会目标，而不是只保护受到垄断力损害的竞争者。据此逻辑可以推断，反垄断法不是以“特定的竞争者是否受到损害”作为判定特定企业行为是否构成垄断行为的标准，而是着眼于是否危害了整个市场的竞争机制这样的宏观标准进行判断的。反垄断法最基本的目标就是维护竞争机制和自由竞争，或者保护和促进有效的竞争。

二、反垄断法的合并控制

美国反垄断法通过控制合并来防止损害竞争的市场力量出现。在不完全竞争的市场结构中，一些企业往往不是通过竞争，而是借助于合并得到发展，从而取得垄断地位并使市场结构更趋集中。而当企业利用垄断地位来减少产品数量、提高价格时，就会损害消费者或者其他生产者。所谓“托拉斯”，就是通过信托的方式形成企业之间的控制与被控制的关系，从而垄断市场。谢尔曼法就是针对当时的托拉斯现象而制定的法律。现代反垄断法从一开始就与控制合并直接相关，对于合并的控制是反垄断法的基本内涵。

合并是企业扩大规模、扩展现有市场或者进入新市场的一种方式，进行合并的动机可能是提高效率、获取市场力量、经营多样化、开拓不同的地理市场等，它是市场经济发展的必然规律，对于产业组织的发展有利有弊。大多数合并使企业更有效率，实际上促进了竞争并为消费者带来了福利。但是，有些合并确实提升了市场集中度，反过来导致价格提高，商品或者服务的供应减少，产品质量降低，阻碍技术革新；在集中的市场上，仅有的几个企业更容易勾结起来，协商确定向消费者收取的价格，从而减少竞争；有些合并使得合并后的企业占有足够的市场份额，取得单独提高价格的便利。此外，有些合并因为大幅增加行使市场力量的可能性，从而损害市场的竞争。

1. 合并的类型

合并的含义比较宽泛。狭义的合并，即民法或者公司法意义的合并。在民法的意义上，法人合并是指两个以上的法人合并为一个法人，分为新设合并与吸收合并。新设合并是两个以上的法人合并为一个新法人，原来的法人消灭，新的法人产生；吸收合并是一个或者多个法人并入另一个现存的法人中，被合并的法人丧失法人资格，存续法人的主体资格仍然存在。公司法上的合并指两个或者两个以上的公司按照法律规定或者合同约定，合并成一个公司，也分为新设合并与吸收合并。英文“merger”一词通常指这种含义，产业组织经济学或者竞争法也沿用这种叫法。①

反垄断法合并控制制度中的合并是广义的，对合并类型的划分标准依据的是合并当事人是否处于相同或不同的生产经营阶段，以及合并对竞争的影响大小。反垄断法将合并分为水平合并、垂直合并和混合合并三种类型。

水平合并（horizontal merge）：又称为横向合并，是处于相同市场层次上或者具有竞争关系的企业之间的合并。换言之，“横向合并是指因生产或销售同一类型产品或提供同种服务而处于相互直接竞争中的企业之间的合并”。

---

① 孔祥俊. 反垄断法原理. 北京：中国法制出版社，2001. 592 ~ 593

它是销售同样或者具有密切替代关系的产品的实际或者潜在的竞争者之间的合并。

水平合并的结果是在该市场上创造了一个具有垄断力的企业经营者和增加企业的集中度，其潜在的消极后果是合并后的企业可能具有支配市场的地位，而且其他企业因为合并后市场的减少所带来的不确定性，更可能实施勾结行为。因此，水平合并是反垄断法执法机关关注的主要对象。美国反垄断法主要集中于避免独占力量的合并政策，涉及的就是水平合并。

水平合并对竞争的损害可以分为两种基本类型：

（1）单方的后果（unilateral effects）。

市场力量的形成要有大的市场份额和市场障碍两个条件，以便其他企业在价格上涨和利润提高时因不能及时作出反应而难以轻易进入该市场。具有危害竞争的单方后果的合并，使合并后的企业具有很大的市场份额和市场力量，甚至导致对市场的垄断。

（2）协同的后果（coordinated effects）。

水平合并可使保留在市场上的企业更容易协同其行为，从而可能减少竞争，即达不到竞争性的价格、数量和质量。这些协同行为包括对价格的明示或者默示的协议。同时，这些企业可以获得垄断或者寡占的利润。①

垂直合并（vertical mergers）：又称纵向合并，是处于不同市场层次（同一市场但不同层次）的企业之间的合并。换言之，“纵向合并是指将同一产业中处于不同阶段而实际上相互之间有买卖关系的各个企业联系在一起”。例如，从原材料、成品到销售商之间的经营者的合并，这些企业存在于相互关联的前后或者上下游市场之中。

垂直合并不能立即使市场上竞争对手的数量减少，不一定危害竞争。相反，相关的经济和法律研究表明，垂直合并便于长期投资，提高产品产量，能够使新企业进入市场。但是，它使以前相互独立的企业之间的交易不再受市场的制约，在垂直统一化给其他的企业造成进入障碍时，会提高两个市场的独占力量。垂直合并危害竞争的另一种后果是，为特定的制造或销售链条中的企业之间的共谋提供了便利。

垂直合并还可以通过增加进入的困难而提高企业的支配地位。假如市场

---

① ［美］E. 吉尔霍恩，W. E. 科瓦西克. 反垄断法律与经济（第4版）. 北京：中国人民大学出版社，2001. 223～234

上存在一个生产特定产品的具有支配地位的企业，其规模较小的竞争对手为了扩大规模而需要建立新的生产设施和购买某种关键的原材料，或者潜在的进入者可能需要与该市场上的仓储、运输和销售服务的供应商签订合同，那么，如果支配企业与关键原材料或者服务提供者合并，就能够拒绝向潜在的竞争者提供这些产品或者服务，从而保护支配企业。[①]

混合合并（conglomerate mergers）：又称为聚合合并，是处于不同市场上的企业之间的合并。换言之，它是处于互不关联的市场上的企业之间的合并。美国学者将混合合并划分为三种形式：产品扩张型合并，即一家企业经常需要另一家企业生产其不能生产而又与其生产和销售有关的产品时，为取得供应上的便利而进行的合并；市场扩张型合并，即一个企业为扩张竞争区域而对其尚未进入地区的同类产品生产企业进行合并；纯粹合并，即将那些生产和经营彼此毫不相干的产品或者服务的若干企业联合起来。

混合合并并不影响集中度，反垄断法对于大多数混合合并是允许的。但混合合并涉及合并企业之间的交叉补助，便于实施针对小竞争者的掠夺性定价策略。而且，当混合合并后形成的企业组织在规模上具有比其他经营者更大的竞争优势，或者在价格竞争中持续较长时间时，这些企业可能采取掠夺性竞争。[②]

谢尔曼法第 1 条中有关“任何以托拉斯或其他方式限制州际贸易或对外贸易的合同、联合或共谋……”的措辞适用于合并控制，控制合并的主要规定还有克莱顿法第 7 条，专门禁止反竞争的股票收购。因为克莱顿法第 7 条只禁止收购股份，企业经营者很快就意识到这一点，他们往往通过购买目标企业的资产来规避该规定。1950 年，美国国会制定的赛勒—克福弗反合并法，对克莱顿法第 7 条进行修改，填补了收购资产的漏洞，确认了合并要受到克莱顿法律检验的原则。这个反合并法适用于水平、垂直及混合的各类合并。

2. 合并控制政策

正像上文提到的那样，美国反垄断法旨在对危害市场竞争的合并等垄断行为进行规范和控制，反垄断法合并控制的焦点是合并导致市场集中所可能产生的危害市场竞争的后果。那么，什么样的合并才构成反垄断法限制合并

① ［美］E. 吉尔霍恩，W. E. 科瓦西克. 反垄断法律与经济（第 4 版）. 北京：中国人民大学出版社，2001. 290～292

② 孔祥俊. 反垄断法原理. 北京：中国法制出版社，2001. 598

的构成要件呢？一般而言，具有危害竞争后果的合并须符合两个条件：一是市场在合并后大幅度地集中；二是近期内新企业不能进入该市场进行有效的竞争。第二个条件是必要的，因为如果新企业可以相当容易地进入该市场并降低价格，合并后的企业就不可能将价格提高到反竞争的水平。

反垄断法控制合并的政策有结构性政策和行为性政策两种。结构性政策规定了反垄断法所允许的集中度，而高于这个集中度的合并是禁止的。如果简单地运用该政策，就会使许多竞争中性或者提高效率的合并被归入禁止之列，消费者福利就会受到损害。结构性政策往往被指责为不适当地干预了市场机制。1941 年 10 月，美国联邦通讯委员会规定禁止一家广播公司拥有两个以上广播网，全国广播公司卖掉了一个广播网（后来形成了美国广播公司），这是典型的结构性合并控制。

经济发展和反垄断法的实践证明，市场更有能力处理合并所产生的危害竞争的后果。美国反垄断法的合并控制倾向于采取“非结构性”的“行为方法”。“行为政策”是在个案的基础上审查合并的，以合并产生的危害是否大于合并交易所带来的优势作为评判标准，依此来决定合并是否构成危害竞争的垄断行为。

反垄断法执法机关必须对合并进行快速审查，甚至要在合并完成之前作出决定。而美国合并控制的法律只是作出一般性规定——如果合并“实质性地损害竞争”，该合并就是非法的，执法机关应当予以制止。这种宽泛的标准由执法机关进行解释和适用。1997 年，美国司法部和联邦贸易委员会确立了水平合并认定的五个步骤——界定市场、认定介入相关市场的企业及其市场份额、认定合并产生的潜在的不利后果、市场进入难易程度的分析以及可能产生的效率的认定。

反垄断法中的赛勒—克福弗反合并法，在对克莱顿法第 7 条进行修改的基础上，确认了合并要受到克莱顿法的法律检验。那么，从此以后，对被诉行为是否实质性地限制竞争或者是否产生共谋的倾向进行检验，禁止那些没有产生垄断但使集中程度增加的合并，反垄断法的基本核心就转向了。但是，反合并法至多是对付共谋的一种简单粗暴的手段，执法者不能确定在哪一点上，集中程度的上升会导致依据谢尔曼法需要直接惩罚的那种共谋定价的危险。所以，尽管美国司法部和联邦贸易委员会确立了水平合并认定的步骤和技术，但要证明计划进行的合并可能产生未来共谋的危险则是极为困难的。[①]

在反垄断法的合并案件中，市场份额往往是分析的起点。1968 年美国司法部颁发的合并准则中规定，即便市场不是高度集中的而且合并企业各自的市场份额没有超过4%，合并也将受到指控。然而，随着 20 世纪 70 年代后期席卷全国的“解除规制”的思潮及其对最高法院的合并案判例和其他反垄断判决的学术批评的影响，美国司法部反而充当了放松规制的舵手。里根政府的反托拉斯局于 1982 年对这些准则作了彻底的修改；1992 年，美国政府又对它们作了进一步的修改；而在整个克林顿时期，这些合并准则基本保持原封不动。

三、反垄断法的特点

1. 多元的立法目的

美国反垄断法的立法目的是多元的，主要是维护自由竞争的市场机制、经济效率、社会福利与其他社会目标。立法的社会背景、成文法措辞的模糊和司法解释的前后观点的分歧，注定反垄断法在美国是一个有着激烈和持久争论的问题。

概括起来，反垄断法的终极目的有两个：一是经济效率；二是分散权力。主流的反垄断法司法实践和分析方法反映了以效率为主导的目标，但这种模式不是绝对的，在反垄断法执法时，法官有时候仍将允许非效率理由超过效率理由；同时，很多人相信，国会通过的反垄断法还有另外的目标，即控制经济权力的集中，这是基于政治或者其他社会目标的考虑。

其实，在整个美国反垄断法的立法目的争论中，一直存在两大流派：芝加哥学派和“人民党成员”或“杰斐逊主义者”学派。前者认为，反垄断法的制度设计仅仅是通过在美国产业中分配效率的最大化来使消费者福利最大化；后者认为，反垄断法的制度设计是达到或者保护相关的社会和政治价值，尤其是包括避免在少数人手中的经济权力的“巨大化”和集中。前者以芝加哥学派为代表，后者主要是被称为“人民党成员”或者“杰斐逊主义者”的学派。

芝加哥学派认为，反垄断法的目的就是保证效率，所谓的社会福利或消费者福利，都是经济效率的同义语。对于传统的反垄断法的规范，芝加哥学

① 孔祥俊. 反垄断法原理. 北京：中国法制出版社，2001. 612 ~ 613

派提出了质疑，并另外提出了一套“有效的反垄断法政策”。例如：每一个市场都有不同的情况，反垄断法不应该假设激烈的小厂商竞争一定会比合作和竞争共存更好；反垄断法执法不一定能够塑造出更加合理的市场机构，经济规制的历史证明，反垄断法干预市场很可能使市场成为利益集团角逐的场所；在充满残酷竞争的市场中，利益驱使独占行为瓦解；在当今复杂的经济行为中，独占或者合作行为很难测度，不加分辨地施以反垄断法加以惩罚可能会损害市场竞争和经济效率。

“人民党成员”有极端派和温和派之分。对于传统反垄断法的两个立法重点：经济效率和分散权力。极端派倾向于赞成反垄断法控制大企业滥用经济力量，并利用赛勒—克福弗反合并法严格控制企业合并。而温和派承认经济效率是反垄断法的目的之一，但并不是唯一的目的。[①]

布什总统执政期间，美国政府不太遵从芝加哥学派的学说。而里根总统执政期间则采纳了芝加哥学派的理论，反垄断法执法机关也由信奉芝加哥学派的人所执掌，在此期间美国政府机构中的官员也宣称，经济效率是反垄断法的唯一目标。美国传媒行业 20 世纪 80 年代的兼并和收购浪潮可以说是联邦通讯委员会受里根政府影响而放松规制的明显标志和反映。

2. 模糊的表述和执法的弹性

反垄断法成文法虽然是简明易懂的，但其重要术语——“垄断化”、“限制贸易”和“实质性地削弱竞争”则是含糊不清的。多年来，美国法院一直在解释、补充这些含义，但是，司法解释的过程并不总是正确的。而且，在表述法律规则和企业行为时，执法与条文常常是两码事。反垄断法成文法的模糊性导致了其执法的弹性和效果的微弱。

从反垄断法的执法变化轨迹来看，有着成文法基础的反垄断法条文规则和执法的变化无常，导致了其执行效果的不确定性。例如，作为美国反垄断法基础的谢尔曼法，在企业合并的执法实践上收效甚微。从表 4－2[②] 可以看出，在 1890 年到 1909 年期间，法院对谢尔曼法的执行并不活跃，由政府起诉的案件只有 42 件。可以想象，作为当时反垄断法主要内涵的谢尔曼法只有一种象征性的价值。

当反垄断法执法过程中出现不确定性和漏洞时，美国国会就不断地进行

---

① 孔祥俊. 反垄断法原理. 北京：中国法制出版社，2001. 187

② ［美］理查德 · A. 波斯纳. 反托拉斯法. 孙秋宁译. 北京：中国政法大学出版社，2003. 40

司法解释，修正、补充反垄断法。1914 年的克莱顿法、1936 年的罗宾逊—帕特曼法以及 1950 年的赛勒—克福弗反合并法，都是对美国反垄断法的修改和补充，从而构成了美国反垄断法整体框架的组成部分。但是，谢尔曼法是美国反垄断法整个框架的基础，其他的反垄断法则是对反垄断法的有机补充，几个版本之间难免有相互重合或抵触的地方，这从另一个方面加重了美国反垄断法的模糊性和执法过程中的弹性。

表 4 - 2　　美国司法部提起的反托拉斯诉讼（1890—1999 年）

时间（单位：年）	民事诉讼（单位：起）	刑事诉讼（单位：起）	总计（单位：起）
1890—1899	10	5	15
1900—1909	17	25	42
1910—1919	68	58	126
1920—1929	83	38	121
1930—1939	48	32	80
1940—1949	147	211	358
1950—1959	181	164	345
1960—1969	276	126	402
1970—1979	243	176	419
1980—1989	118	623	741
1990—1999	193	416	609
总计	1 384	1 874	3 258

（资料来源：商业结算中心，《联邦反托拉斯“蓝皮书”》。）

总结起来，美国反垄断法的特征是：一、实体规范由具有高度概括和抽象性的一般术语组成，条款中大多为宽泛、模糊的术语。这样势必赋予联邦法官在界定法律的禁止性规定中的灵活性和弹性，法官对自由裁量权的行使可能取决于其政策偏好、所受训练和经验。二、裁决程序的渗透性。换句话来说，反垄断法是开放的。新的思想能够而且已经进入了反垄断法制度。三、执法主体的多元化。美国国会将反垄断法的执法权分散地赋予了两个联邦机关、州政府、私人公司和消费者。多元执法主体意味着反垄断法的分散化，那么，执法过程中势必有冲突的情况。[1]

反垄断法的上述特点决定了美国反垄断法是一个开放性的部门法，它随着美国经济形势的变化而变化，执法过程中的“弹性”往往导致今天正统的做法在明天就有可能遇到成为主导分析方法的对立理论的挑战。也就是说，反垄断法制度很容易受到来自社会变化中的经济和政治新思想的影响。为精确地预测将来的诉讼结果，反垄断法执法人员不仅要精通现有的标准和分析技术，而且必须正确评估新理论的力量和改变司法判决决定的变化中的政治发展趋势。

20 世纪，尽管美国制定了强有力的反垄断法，这些法律规则却是在非公正地且令人难以理解地实施着，尤其是在传媒领域。当 20 世纪 60 年代国际电话电报公司（ITT）试图收购 ABC 的时候，强烈的抗议声和来自政府的调查淹没了这场交易。但是，当通用电气公司于 80 年代购买 RCA/NBC 的时候，FTC、FCC 和美国司法部没有发现什么问题。其他的系列并购活动更明显地表明了这个问题。尽管美国司法部在 80 年代中期分拆了 AT&T 长达一个世纪的垄断，营造了电话行业的竞争环境，但同时政府也授权允许很多大众传媒公司的并购，以巩固少数大公司掌控下的传媒所有权。

直到 20 世纪 80 年代，反垄断法的原则依然是历史上沿袭的旨在确保竞争企业之间所有权的多样性。有时候，这样的情形仍会发生，像 AT&T 的分拆那样，而有时候这样的事情就不会发生，像地方报纸和有线电视垄断的情形那样，虽然连续发生的现象说明了传媒竞争已经被传媒并购所吞噬。今天，一旦允许几家公用事业和铁路公司来控制他们各自的行业——在反垄断法之前的日子，同样的反竞争精神就会存在。

大多数传媒公司已经通过购买多样性的大众传媒而不是试图控制单一的传媒行业来避开垄断性的赢利方式。例如，迪士尼不是试图控制一个地区，而是在向广播网、有线电视频道和电影院提供节目。迪士尼公司通过在很多传媒企业分散其产品来避免垄断收费。在 1995 年，迪士尼的首席执行官迈克尔·艾斯纳还在为 ABC 接管很多 ABC 新闻秀节目而辩护。根据迈克尔·艾斯纳的判断，只要大公司仍然注重质量，只要迪士尼不再试图购买进入家庭的电话线路和有线电视，这样的传媒并购就有利于美国。但是，如果按照迈克尔·艾斯纳所说的，那么又该如何解决以下这些问题：假如公司不能从保

---

① 孔祥俊．反垄断法原理．北京：中国法制出版社，2001．73～75

质产品中赚取利润，该怎么办？假如ABC新闻不能赢利，迪士尼的经理们是否应该解雇其国内或者国外的新闻职员？政府和公民该如何回应？

3. 经济学进路的反垄断法

正是由于找到了法律经济学的进路，美国联邦通讯委员会在实施旨在维护市场效率和公平竞争的反垄断法时，在广播利益和公众利益之间的艰难选择中放松了规制，即更多地让位于市场，发挥市场的机制来化解传媒集团并购"垄断"与公众利益之间的矛盾，"钟摆"又一次摆向了"解法"，但是，制衡钟摆运动的是市场及其效率。所以，从某种意义上来讲，法律经济学的进路推动了美国反垄断法主流观点的变化。

经济学发展史的相关研究表明，至少从霍布斯在17世纪讨论财产开始，人们就了解到经济与法律之间的密切关联。大卫·休谟和亚当·斯密的文献中都讨论过法律的经济功能，而且开始关注竞争和垄断的问题。到了20世纪30年代，少数明确涉及竞争和垄断的法律领域，主要是反托拉斯和公共事业管理领域，就一直受到前卫的英国和美国经济学家的持续关注（竞争和垄断从亚当·斯密开始就受到注意，所以说这一关注是"持续的"）。① 早期相关反垄断法和公共事业管理领域的研究，为这些社会现实中的经济现象和经济逻辑提供了理论基础。

从本质上来讲，反垄断法调整的是经济现象。首先，反垄断法所规范的是竞争企业之间为了把价格提升到竞争水平之上而进行的共谋、固定价格协议，以及已经造成垄断危险而并非必然形成垄断的合并等行为；其次，反垄断法的存在立足于这样的经济学信念：企业人为地制造其产品的稀缺性，将价格提高到竞争水平之上，从而产生垄断定价；第三，经济学家在讨论竞争和垄断问题时，通常使用"效率"（如潜在的帕累托效率等）的意义，而垄断是"推定无效率"的。"无效率"就代表着企业行为的不合意和社会福利的减少。从这个角度看，"无效率"也是反垄断法律所规范的对象。

我们之所以从经济学或法律经济学的进路来追溯反垄断法实施过程中的"解法"或者"松绑"倾向，正是因为这种角度为有争议的法律问题提供了一个中立立场。经济学总是倾向于充分发挥市场的机制，而当市场作为调节的手段时，不偏向任何一方，它只讲究效率。因此，经济学或法律经济学的

---

① ［美］理查德·A. 波斯纳. 法律理论的前沿. 武欣，凌斌译. 北京：中国政法大学出版社，2003. 36

进路常常能够化解对立统一体在维护各自利益时相互关系中的矛盾。反垄断法本身变化的轨迹也说明，经济学或法律经济学进路的引入是非常必要的。其实，反垄断法的不断修正和补充，就是经济学在其中渗透、法律经济学逐渐占据反垄断法支配地位的过程。

第一，谢尔曼法有关垄断和限制贸易的目标与经济学的竞争和效率等基本概念几乎无关，谢尔曼法制定者们当时关心的是“托拉斯”问题，但对于“什么是他们认为的托拉斯”的界定并不清楚，他们关心的似乎只是对与托拉斯竞争的小企业不利的垄断低价和歧视定价，也就是涉及社会福利的因素。他们对价格的关心，更多地集中在垄断定价的财富再分配效应上，而不是配置效应上。但是，保护竞争者不受低价的损害与保护消费者不受高价的损害是不能兼容的目标。

毫无疑问，这些规则的制定者对收入和财富分配以及小企业和特定消费者群体福利的关心要多于对配置效率的关心，而经济学界本身对反托拉斯政策也缺乏信心。同时，反垄断法中并没有从“效率”意义上直接可以运用的法律规则。因此，法院只能转向别处寻求指引。经过一个多世纪对反托拉斯法规的司法实施，“指引必须到经济学中寻找”已经成为共识。[①]

第二，反思美国反垄断法的整个历史，最有力的解释就是经济学意见的地位。而反垄断规则也随着经济学理论的变化或多或少地变化着。反垄断法和一个与时俱进的经济学理论结缘，只能使它更加富有效率。

由于经济学的缺失，早期反托拉斯法的立法对执法造成了不便，而经济学的进路不但为反垄断法及其执法找到了能够加以运用的理论标准，而且使反垄断法逐步地完善起来。经济学进路对于反垄断法执法尴尬的消除，使其逐渐成为解释反垄断法成文法的自然而然的、现实的和正统的指引，即反托拉斯法的总趋势是：将法律的进路（垄断定价的财富再分配效应）转移到经济学上的配置效用上来。

反垄断法是一个开放式的法律框架。在经济学的指引下，反垄断法不断修正和补充，而且其执法也发生了变化，变得更加富有“弹性”。20 世纪 70 年代是一个政府放松规制的年代，美国反垄断法的主流观点也发生了巨大的变化。因为，随着经济发展和经济学研究的演进，人们对垄断有了更深层面

① ［美］理查德 · A. 波斯纳. 反托拉斯法. 孙秋宁译. 北京：中国政法大学出版社，2003. 39

的认识。垄断往往是规模经济的需要，不一定总是没有效率的；垄断未必对消费者不利，有时候它也是合宜的，对社会福利是有利的。而且，市场具有自动校正或调节的作用，未必需要政府的介入。各国政府减少了对经济的干预，更多地让位于市场，发挥市场机制的经济调节作用。

第三，经济学对反垄断法的渗透，使人们更多地发现反垄断法的缺陷和不足，混乱的反垄断法给市场、竞争和效率带来的损害甚至比所谓的垄断或垄断化更多。

根据反垄断法的结构性合并控制政策（救济方法），为了降低寡头垄断市场结构的集中度，反垄断法有可能实施分拆寡头企业的结构性救济。针对微软公司捆绑销售的违反反垄断法的行为，美国政府曾经建议将微软一分为二，这属于分拆大企业的结构性救济。在经济全球化的国际环境下，分拆大企业的做法越来越受到人们理性地否定，因为人们越来越相信，运用反垄断法消除垄断企业，就像杀死会下金蛋的大鹅，是缺乏远见的。[①] 特别是在20世纪70年代以后，人们无法将垄断归因于兼并，政府对于经济的干预越来越受到质疑。

而且，由于规模经济、进入壁垒和产品的差异性等原因，在某些垄断行业通过结构性救济或休整来创建竞争性的市场结构是无效率的，可能也办不到。所以，美国反垄断机构倾向于采取“结构方法和行为方法互补”的反垄断法模式，在具有垄断力（地位）的企业出现滥用垄断地位的行为时，政府不仅通过结构方法来消除企业滥用垄断地位的基础，而且要制止该垄断行为的发生。

在判断具有垄断力（地位）的企业的行为是否构成滥用垄断力（地位）的行为时，反垄断法执法部门可以通过调查市场运行的状况来确定，从而决定是否施以反垄断法加以干预。政府实施反垄断法干预市场的参照标准是理想的市场运行状况，而确定理想的市场运行状况是极其复杂的。在下文论述的完全竞争的市场模式下，这种理想市场的结构和内部行为是可以分析出来的，但完全竞争的市场模式是虚拟的，现实经济生活中存在的往往是不完全竞争市场，市场结构不完善，因而也无法准确地测定企业的市场行为，反垄断法的行为救济方法也就难以“对症下药”。

---

① ［美］保罗·萨缪尔森，威廉·诺德豪斯．经济学（第12版）．高鸿业等译．北京：中国发展出版社，1992. 193

第四，富有弹性的反垄断法是适用的：在干预市场比不干预效率要高的情况下，实施反垄断法肯定是能够改善市场的“良性干预”。但是，反垄断法的实施是有成本和代价的。有时候，公司的合并并没有削弱竞争，而是通过“有效率”的联合使生产降低了成本。为了更加有效地增进社会福利，政府在执行反垄断法的时候，必须注意“合并效应”，确定哪些合并是合意的，哪些合并是危害市场竞争的。反垄断法的执行者必须准确地进行成本—收益分析，衡量合并效应带来的收益与竞争减少导致的社会成本，以判断下一步的做法是否正确。

从反垄断法实施的历史来看，政府在执法的时候更多地从政治学和经济学的角度来判断，从法律经济学的进路来发挥作用——即让位于市场的无所作为。随着市场全球化趋势的发展和企业并购的增多，本来就富有弹性的反垄断法在执法上对企业集中的控制在放松。

四、传媒反垄断约束的有限性

在美国传媒市场的集中化发展过程中，传媒滥用垄断力量的情况不时发生，而且随着集中程度的加深，传媒集团的垄断势力在加强，甚至出现了自然垄断状态。传媒集团滥用垄断力量和行使市场权力以控制价格或排挤其他竞争者的垄断行为，同样受到反垄断法执法部门和联邦通讯委员会的制约、限制或禁止。

传媒集团危害市场竞争的垄断行为的表征，与一般企业组织的垄断行为相似，表现为掠夺性定价、反竞争合并和同谋等反竞争行为。如某传媒集团要求购买报纸广告版面的顾客同时在其旗下的电台购买广告时段，否则，它就会拒绝出售广告版面或时段。前者属于“掠夺性行为”，后者则属于“强制合作和拒绝交易”，两者都是反垄断法所打击的排挤竞争者的垄断行为。

处于垄断地位的报业集团往往利用其垄断地位，强行下压报纸价格，强迫其他独立的报纸发行者以特价出售报纸，从而最大限度地扩大在广告客户中的流通量，这是一种“垂直固定价格”。这种行为也在反垄断法所限制的垄断行为之列。

传媒行业的“公共领域”特征决定了政府规制的必要性，对于危害市场竞争的传媒垄断行为进行规制和约束，是反垄断法的立法目的和联邦通讯委员会的职责。但是，自 20 世纪 70 年代以来，在经济全球化和传媒技术发展的大背景下，反垄断法和联邦通讯委员会一直在放松规制，美国传媒所有权的限制有所放宽，传媒之间的并购风起云涌，传媒组织之间的合作或联盟也在加强。美国反垄断法的特点和规制放松同样可以在传媒垄断的执法过程中表现出来。

下面是一组传媒垄断的诉讼案例分析，从中我们可以看出，美国司法部的反垄断法部门、联邦贸易委员会（FTC）和联邦通讯委员会的执法作用。

案例 1：掠夺性定价①

阿德沃公司（Advo Inc.）是美国一家市场通信服务公司，也是在美国提供全面服务的最大的邮政销售公司。20 世纪 60 年代中期，阿德沃公司开始在费城的 8 个地区营业；1983 年，Acme 超市连锁店成为阿德沃公司的基本广告客户，阿德沃公司开始迅速发展。

费城报业公司（Philadelphia Newspapers Inc.）是费城市场上主要的日报出版商，旗下有《费城每日新闻》及《费城询问者报》。为了抵消阿德沃公司的市场渗透力，费城报业公司试图争夺 Acme 超市连锁店、弗莱明食品超市等广告客户，但每一次阿德沃公司都通过削价来保住这些客户。阿德沃公司的发展对费城报业公司带来了极大的挑战和竞争，在广告收入上，费城报业公司每年至少输给阿德沃公司和其他类似竞争者 400 万美元。

1993 年 6 月 17 日，阿德沃公司起诉费城报业公司，指控其在费城的更大区域内发行广告信件，试图垄断市场，违反《谢尔曼法》第 2 条之规定，并且要求赔偿。阿德沃公司声称，为了发行广告信件，费城报业公司向主要服务购买者提供了掠夺性的低价，并且根据市场特征，费城报业公司企图将阿德沃公司排挤出市场的计划很有可能实现。

根据美国反垄断法的要求，法院判断一个企业的市场行为是否是垄断行为，通常要求原告证明：①被告实施掠夺性或反竞争的行为；②被告有垄断的意图；③被告有获得垄断力的可能性。

1994 年 6 月 13 日，联邦地方法院对该案件进行了审理，判费城报业公司胜诉。联邦地方法院认为，阿德沃公司列举的事实证明了费城报业公司采取低价的掠夺性行为和垄断意图，但是，证明不了它获得垄断力的可能性。法院虽然承认费城报业公司为达到垄断曾经进行过掠夺性行为，但它没有可

① ［美］唐纳德·M. 吉尔摩，杰罗姆·A. 巴龙，托德·F. 西蒙. 美国大众传播法：判例评析（下册）. 梁宁等译. 北京：清华大学出版社，2002. 490 ~ 499

能实现垄断，从而补偿其在垄断阶段的成本和花费。阿德沃公司于1994年7月15日提出复议申请，法庭维持原判。

案例2：反竞争横向合并和纵向合并

经营规模和地理范围相似的报业公司之间的竞争，相对于不同市场地位的报业公司之间的竞争要少。如果这样的两家公司合并，合并之后公司的市场占有率会有很大的提高，结果会打击为数不多的相似的竞争者。

《时代明镜报》和《太阳电信报》是美国加利福尼亚州圣贝纳迪诺市的两家报纸。1964年6月25日，《时代明镜报》通过购买《太阳电信报》的股份将其兼并。这次兼并活动违反了克莱顿法第7条的规定。因为两家公司同在加利福尼亚的圣贝纳迪诺市经营报业，属于处在相关地理和相关产品市场上的两家企业，它们之间的合并必然会减少市场竞争。

按照反垄断法的要求，对于这种减少市场竞争的垄断行为，政府采取普遍的“股权分离”的救济方式，禁止被告在相关地域市场再兼并其他的日报公司。

1995年，圣贝纳迪诺市又发生了类似的报纸合并案，当地的《时代明镜报》被其竞争者兼并。美国政府认为，对《时代明镜报》的收购同样违反了克莱顿法第7条的规定，因为合并后的报业公司控制了当地报业市场84%的发行量和88%的广告收入，减少了同一地域产品市场上的竞争。而联邦地方法院认为，这样两家竞争力相似的报纸之间的合并，会提升垄断价格，进而伤害公众、广告客户以及竞争者的利益。

在美国的有线电视市场上，ABC、CBS、NBC和CNN等几大电视网分割市场，控制着美国的有线电视市场，形成寡头垄断的市场结构。几大电视网势均力敌，具有相似的垄断市场力量。按照美国反垄断法的规定，几大电视网之间的横向合并是绝对禁止的；而反垄断法规则也禁止几大电视网在生产和发行系统进行纵向合并。

案例3：同谋

AD/SAT公司是美国一家通过卫星向报社传送广告的公司。它曾经起诉美联社、美国报业联合会、国家报业网和一些私人报社进行“同谋”，意图在业务上排挤它。AD/SAT公司指控它们的行为违反了谢尔曼法。

美联社曾经开展一种称为AD/SEND的电脑服务，提供与AD/SAT公司基本相似的服务。这次诉讼涉及一家名为《莱克星顿先锋报》的报社，报社在审判中胜诉。对于这次"同谋"排斥竞争者的垄断诉讼案，法庭这样总结道："原告不能提供可能排除被告是在独立追求自身利益的可能性事实……换一种说法，在现有事实的基础上，AD/SAT 公司最多只能提供：《莱克星顿先锋报》听说美联社正在计划采用一种新的电子传送服务，于是，决定终结它与 AD/SAT 公司的关系。总而言之，AD/SAT 公司没有提供直接或详细的证据，用来合理地证明《莱克星顿先锋报》及其他报业在有意地进行一种共同的计划以追求非法目标。"

反垄断法禁止"同谋"排斥竞争者或制定低于竞争价格的固定价格行为。但是，证明排斥竞争者或固定价格的"同谋"行为需要有力的证据，而搜索证据和测度"同谋"的垄断行为是十分困难的。所以，从这个角度来讲，反垄断法的"弹性"是适宜的。

现行的传媒所有权并购已经影响了独立媒体所有权和声音的多样化。虽然美国反垄断法旨在维护这种多重声音和所有权，但自 20 世纪 80 年代以来该法已经轻易地发生了转向。正如我们所指出的那样，在众多不同的传媒生产线中，大多数传媒公司各不相同，其产品存在着差异性，从来没有发生过哪一家公司完全支配某一传媒行业的现象。例如，美国在线时代华纳在电视节目、电影、音乐、出版、有线电视和网络等传媒行业行销其产品。

当然，这样的多样化经营战略促进了寡头垄断局面的形成，即几家传媒大公司控制传媒产品和发行的市场格局。这种经济形式使很多产品——尤其是寡头之外那些企业提供的产品——很难在这种市场格局中展开竞争。例如，在广播节目市场，控制着黄金时段节目的几家广播网——现在其中的大多数节目由几家电影公司所有——在任何时段都可以提供几档竞争的节目。这些节目从知名的制作公司中挑选出来，而这些公司要么以日常规则基础与广播网保持联系，要么完全独立。因此，即使是一档很好的节目或系列剧，一家独立的制作公司，尤其是洛杉矶或纽约之外运行的公司也很难有机会进入全国电视市场。

偶然的情形下，独立声音所引发的论题有助于美国司法部和美国贸易委员会（FTC）适宜地处理反垄断法的案例。例如，当全国最大的书籍零售商 Barnes & Noble 准备于 1998 年年底以 6 亿美元的价格收购全国最大的书籍批发商和发行商 Ingram Book Group 的时候，独立书籍销售商群起反对这样引发市场垄断的并购行为。他们向联邦政府投递大量的电子邮件，通过请愿、电报和电话抗议的方式进行联合抵制，以至于美国联邦贸易委员会还设立了专线电话。1999 年，Barnes & Noble 被迫撤回了其收购请求。

因为反垄断法旨在削弱全国性的市场垄断，当下的大多数传媒垄断公司都是以地方性为特征进行运作的。例如，尽管甘尼特公司（Gannett）拥有九十多家日报，它仍然控制着美国日报发行量的近 10%。然而，甘尼特公司几乎所有的报纸都处于垄断之下，即都是报纸所在城镇唯一的报纸。实际上，各地的有线电视公司大多已经处于它所在地方社区的垄断地位，这些公司经常单独决定哪些频道是可用频道以及收视费的多少，而且反垄断法并没有全球性的约束影响。虽然在 1996 年年底，来自一百六十多个国家的代表汇聚一堂探讨实施国际版权法来保护音乐家和作家的劳动成果，但并没有国际性的反垄断法律或法规来禁止跨国公司疯狂地购买传媒公司。

第五章

传媒集团与 FCC 的博弈

2003 年 6 月 2 日，美国联邦通讯委员会以 3 票对 2 票的微弱优势通过了具有决定意义的法规，允许和支持大型电视集团购入更多电视台。人们的担心不再是多余的，在不完全竞争的传媒市场中，美国寡头媒体的垄断力将随着新一轮媒体的并购日益加强，传媒的所有权更加集中到一小撮人手中；[1]同时，新法规是在"怂恿"寡头媒体操纵市场、实施并购和联合行动，这将有损于节目的多样性，使得本来程式化和市场化程度很高的文化工业产品的差异性缺失，减少了受众的选择可能，从而损害了公众的利益。

美国文化产品的雷同、相似、缺乏创新与程式化的文化工业不无关系，而处于垄断地位的寡头传媒对于不完全竞争文化市场的形成可谓"功不可没"。美国广播公司、哥伦比亚广播公司、全国广播公司和福克斯电视网等几大电视网分割市场，财大气粗的各大财团纷纷并购媒体，传媒集团的联盟以及市场化程度很高的销售渠道，这些对于本应充满活力和创新而现实却陈腐、产品缺乏差异性的文化市场极不合意，使受众的福利和社会公益受到损害，同时也是对旨在维护市场公平竞争和社会福利、被奉为美国"经济宪法"的反垄断法的抵触和挑战。

经济学家们以私利和交换为出发点提供了经济现象和行为的规范描述、模型和图画，把自由企业及其实施的自由经济活动作为市场经济的基本特点。

---

① 美最终通过传媒改革新规则. 参考消息，2003 - 06 - 04

崇尚民主和自由的美国社会，个人自由和私有企业被认为是市场经济的根基。在经历了经济自由放任的发展阶段以后，美国立法和司法部门制定了1890年的谢尔曼反托拉斯法（世界上第一部现代反垄断法）、1914年的克莱顿法和联邦贸易委员会法，它们是美国反垄断法的基本构成。反垄断法维护的是自由市场机制，它禁止滥用特权、监控并购行为、禁止卡特尔或联合操纵市场的垄断行为；同时，它也是在信息不对称和外部性等市场失灵的情况下，政府对市场进行适度干预实施补救的法律。所以，反垄断法被称之为美国的"经济宪法"、"自由企业的大宪章"。

经济学的不完全竞争概念是指市场的竞争垄断状态，而反垄断法所规范的是滥用垄断状态来排斥竞争的垄断行为。寡头垄断媒体的并购及其经营战略从严格意义上讲并非都是垄断行为，但它们应该是反垄断法所规范的企业行为。20世纪90年代的传媒并购浪潮之后，寡头传媒垄断的不完全竞争市场态势愈加明显。在寡头传媒垄断的文化市场结构中，寡头传媒正在力图摆脱反垄断决策、技术革新和受众趣味变化的限制和挑战，联合大企业使其有足够的财政和管理资源来巩固他们对这些工业的控制，并很少对流行趣味的变化作出让步，[①] 但很有可能对产品做一些改头换面，以此向市场情况的变化作出反应；寡头传媒将联邦通讯委员会规制的外部性进行内化，他们控制下的文化超级市场以自身方式进行审查，大有代替联邦通讯委员会审查的趋势。寡头媒体与联邦通讯委员会正处于博弈和较量之中。

一、反垄断背景下传媒集团与 FCC 的博弈

2003年7月23日，美国国会众议院以400票对21票的绝对优势通过法案，推翻了联邦通讯委员会于6月2日作出的放宽限制媒体所有权的决定。

监控企业并购行为是反垄断法的第一要义。从历史上著名的美孚石油公司案到美国司法部起诉微软公司的捆绑销售案、联邦贸易委员会审判英特尔公司的不公平交易案，反垄断法的"大棒"不时地在挥舞。表5－1[②] 说明了反垄断背景下美国传媒集团与FCC之间的博弈和较量过程。

---

① ［美］戴安娜·克兰．文化生产：媒体与都市艺术．赵国新译．南京：译林出版社，2001.77

② Richard Campbell，Christopher R. Martin & Bettina Fabos. *Media & Culture*：*An Introduction to Mass Communication*. BEDFORD/ST. MARTIN'S，2007. pp. 458－459.

表 5－1　　反垄断背景下美国传媒集团与 FCC 的博弈

1880—1900	谢尔曼反垄断法：国会于 1890 年通过该法，对实施固定价格排挤竞争者的垄断行为和企业垄断进行约束和制裁	——	——	——
1900—1920	分拆大企业：1911 年，联邦政府诉诸该法分拆了美国烟草公司和洛克菲勒的标准石油公司	克莱顿反垄断法：国会于 1914 年通过该法，禁止制造商只向同意拒绝商业竞争对手产品的销售商和合同商供给产品	——	——
1920—1930	迪士尼在好莱坞创立：这个未来的传媒大亨创始于 1928 年的一个卡通片工作室	——	——	——
1950—1970	塞勒—凯弗维尔反垄断法：1950 年该法通过，限制减弱竞争的任何企业并购和联合行动	迪士尼购买 ABC：尽管 ABC 新闻部将在迪士尼这个传媒帝国的报道中插播，但这个并购还是在 1995 年被批准	——	——

（续上表）

1980至今	GATT 创立：1948 年，关贸总协定（GATT）建立，掀开全球化时代的序幕。1994 年成立的北美自由贸易协定（NAFTA）和 1995 年成立的世界贸易组织（WTO）进一步加强贸易和某种工作的出口	GE 购买 RCA/NBC：1985 年的并购引发传媒联合的浪潮	Echostar – DirecTv 并购 Blocked：2002 年，FCC 改变态度，没有阻止即将创造卫星直播（DBS）垄断的这次传媒并购	AOL 与时代华纳合并：世界上最大的传媒集团时代华纳，于 2001 年与世界上最大的互联网服务商 AOL 合并，成为世界上目前最大的传媒集团

回顾历史，美国传媒兼并和收购的每一次浪潮都伴随着与联邦通讯委员会的规制。加强规制，媒体集团的垄断地位就在减弱；放松规制，市场就会倒向自由竞争方向，寡头传媒就会走向联合、并购或者垄断。

19 世纪末 20 世纪初，报业开始横向收购，形成了赫斯特、普利策等报业集团。

20 世纪 20 年代末，以摩根和洛克菲勒两大金融财团为代表的金融集团插手报业，疯狂购买。此时，广播业刚刚起步，1927 年成立了旨在维护公众利益和社会福利、掌管频率分配的联邦广播委员会。

第二次世界大战期间，广播业进入了高速发展时期，电视开始为人们所接受，国家资本明显加强了对新闻业的控制。1941 年 5 月 2 日，联邦通讯委员会规定禁止任何一家广播公司同时拥有两个以上的广播网，同年 10 月，全国广播公司不得不把旗下的两个广播网卖掉一个，从而促使了美国广播公司的成立。联邦通讯委员会对媒体的规制在加强。

1965 年，联邦通讯委员会宣布将有线电视置于它的管理之下，并对有线电视引进信号的数量作了限制；1972 年，联邦通讯委员会制定了关于有线电视的条例，包括有线电视公司可以转播 30 英里内得到政府许可的所有电视节目，以及收费标准、诉讼程序和建设计划。

20 世纪 80 年代，美国媒体也在利用杠杆收购来扩大自己的领域，典型案例是1985年大都会传播公司以借债形式兼并了实力雄厚的美国广播公司。1982年，联邦通讯委员会修改了广播电视台买卖事项的规则：只要征得联邦通讯委员会的同意，任何时间都可以买卖。而在此之前，广播电视台在取得许可证后3年内是禁止买卖的。1985年，联邦通讯委员会又将一家公司在全国可以拥有的广播电台、电视台从上限的7家提高到12家。[①]

1992年，联邦通讯委员会放宽了对一家公司在同一城市所能拥有的广播电视台的数量；1996年，国会通过了《电信法》，进一步打破媒体之间的壁垒，允许多个媒体在市场上相互渗透，从而促进了竞争。随着规制的放松，美国在20世纪90年代出现了第五次传媒并购浪潮。

2003年6月2日，联邦通讯委员会在通过的新法规中允许电视集团最多可控制全国45%的观众，并规定大部分地区的地方电视公司可以拥有2家电视台，还允许一个地区内的报纸、电台和电视台进行交叉持股。新法规规定，在有5家以上电视台的地区，一个公司可以拥有2家电视台，只要其中之一不在前4名之列即为合法。在有9家电视台的地区，一个公司可以拥有1家日报社、1家电视台和数家广播电台。在有4家到8家电视台的地区，将有更严格的规定。[②] 但是，联邦通讯委员会一直严禁4大电视网之间进行合并，以杜绝广播市场的完全垄断状态，而且这也是联邦通讯委员会保持自由竞争广播市场机制的最后防线。

传媒并购和市场分割对整个世界传媒产业的竞争格局都产生了深远的影响。寡头垄断媒体从最大限度获得利润的角度进行文化产品的生产决策，其产品内容的特点受到媒体组织政策的影响，而媒体的政策则取决于这些组织之间竞争的程度。在不完全竞争的市场条件下，寡头媒体之间越来越趋向于相互合作而不是相互竞争，市场的结构保持相对稳定，传媒集团对市场的联合控制加强了。但不同的观点认为，从理论上来讲，危害竞争的媒体并购归根结底是与反垄断法相悖的，破坏了自由的市场竞争规则，而并购的不合意必然带来公众福利的损害。

二、FCC：广播利益和公众利益之间的钟摆运动

20世纪80年代以来，随着公众舆论的钟摆倾向于对企业持有较大信心，

---

① 裴延辉. 当代西方传媒集团经营管理战略透视. 中国人民大学博士学位论文，2002. 88

② 美最终通过传媒改革新规则. 参考消息，2003－06－04

同时人们对政府干预的成功程度有较大怀疑，政府对企业规制的解除较为普遍，反垄断法的执行较为宽松，钟摆开始向右摆动。媒体集团充分利用华尔街的财务杠杆进行横向兼并，寡头媒体的实力进一步增强，联邦通讯委员会在广播利益和公众利益的两难选择中放松了规制。

当时，许多媒体人和观察家都产生疑问：从1934年以来，半个世纪内遭遇数度修改的法规是否真正最大限度地被应用于解决现代传播问题？于是，颁布一个全新的传播法规、改变控制监督机构的呼声不时从各个角落传出。1994年，《广播与有线电视》（*Broadcasting & Cable*）杂志的主编东·维斯特（Don West）站出来呼吁政府出台一个全新法案，来对传播电磁频谱的使用进行管理。[①] 其实，从1995年开始，参议员们就考虑用一个全能的新电信法案来代替1934年的传播法案以及它的前身——1927年的广播法案。

在里根执政的20世纪80年代，彻底的"解法"运动解除或者减少了联邦通讯委员会多余的法规和程序。紧接着90年代早期，政府暂时加强了对广播电视的监管，中期法规进一步缩减（例如，取消汇率和垄断法对网络商业运作的限制）。通过这两次的监管减轻，联邦通讯委员会最终取消了关于调频、广播、电视台只能属于一个业主的限制。1995年，共和党人在过去50年中第一次组成多数内阁上台执政，政府对电子传媒业的限制进一步放松。克林顿总统1996年签署《通信法》，作为1934年制定的传播法案的修正案。新法案为广播电视传媒、电话公司跨媒体、跨行业合并打通了道路，将广播电视的执照权限延长至8年，解除了对单个用户接收广播电视台数量的限制，并把单个用户多台收视率提高了35%。[②]

联邦通讯委员会与传媒之间的一个基本争论点在于：《通信法》规定广播必须履行"公众利益、便捷和必需"的服务职能。自从法规建立以来，媒体、管理者、律师和法官对这句话的理解都不一致，这种语义上的冲突也导致了各方面的误解。联邦通讯委员会解释为一种对节目与广告内容进行监视的命令；而对批评尤为敏感的广播媒体则认为，联邦通讯委员会对这一领域的审查是一种威胁。多年来，"猫和老鼠"的游戏造成了大量能源和时间的浪费。广播公司痛恨联邦通讯委员会在这些领域内进行干涉，认为政府部门

① James A. Brown. *Radio - Television - Cable Management*. 3rd edition. McGraw - Hill Companies, Inc. , 1998. p. 446.

② James A. Brown. *Radio - Television - Cable Management*, 3rd edition. McGraw - Hill Companies, Inc. 1998. p. 444.

的管理范围是核发执照以及保障广播管理的合适的技术标准。他们发现《通信法》并没有赋予联邦通讯委员会干预节目及商务事件的权利。但是，法庭通常将法规阐释为：赋予委员会一定的权威性，以监管持有执照的广播公司，确保为公众提供服务。

人们对2003年6月联邦通讯委员会决议的评价也是莫衷一是。联邦通讯委员会主席迈克尔·鲍威尔（Michael Powell）说，有线电视和互联网成为获得娱乐和新闻的新途径，新法规必须对此加以反映。但是，消费者团体对新法规进行了谴责，议员们也坚持表示，要推动立法对一些变更的规定进行扭转；联邦通讯委员会的两名民主党人反对修改法规，他们认为，新法规将把传媒的所有权集中到一小撮人手中，从而会降低观点的多样化程度，窒息地方新闻的报道。①

美国立法、行政和司法三权分立的制衡制度，使得已成一定气候的反对派在政治缝隙中找到了说话的地方。虽然联邦通讯委员会冲破阻挠，再一次放松规制的规则，但是，由于反对派在国会奋力反击，终于推翻了联邦通讯委员会的决议，而且，美国的参议院商务委员会在推翻联邦通讯委员会决议的同时，重新恢复了6条关于媒体所有权的规定。

在联邦通讯委员会这次放松规制的决议对峙中，双方基于不同的利益可谓针锋相对。传媒集团希望进一步放宽监管规则；代表公众利益的团体和小媒体公司则希望联邦通讯委员会实行更加严格的监管。

联邦通讯委员会的钟摆在广播利益和公众利益之间如何摆动？这是美国传媒集团垄断市场与政府反垄断的又一次较量。从联邦通讯委员会的规制逻辑和规则可以判断，传媒市场的资源配置对象很大程度上是公共资源，而公共资源是需要政府加以规制的，特别是当存在市场失灵或者因存在外部性引起市场资源配置无效的时候，政府就要通过规定或禁止某些行为来弥补市场失灵或解决外部性问题。传统经济学认为，作为资本运作到一定阶段的产物，垄断行业恰恰是市场失灵的领域，寡头媒体以追逐利润和赢利为目的，垄断势力必然造成产品差异性减少、危害公众身心健康的节目的泛滥以及市场结构的变化，进而可能引起市场失灵或者资源配置的无效。但是，自20世纪80年代以来，联邦通讯委员会的规制越来越让位于市场，倾向于以法律经济学的进路来实施反垄断法，倡导依赖市场自身力量来纠正外部负面影响的规

① 美最终通过传媒改革新规则. 参考消息，2003-06-04

制原则，这必然导致联邦通讯委员会进退两难的尴尬境地。

三、FCC 的“解法”运动

20 世纪 70 年代以来，美国反垄断法主流观点发生了变化，反垄断立法的这种倾向为联邦通讯委员会放松规制的“解法”运动创造了有利的法律环境。一直倾向于“解法”的联邦通讯委员会适时地放松规制，更多地使用间接调节的手段，发挥市场的作用，美国传媒行业接连出现了两次并购浪潮，传媒集团集中化发展的步伐在加大，合并或并购的规模和频次也在扩大或加快。

20 世纪八九十年代的两次兼并和收购浪潮以后，美国传媒产业的生产高度集中到几个大型公司手中，它们不但操纵传媒的节目内容生产，而且牢牢地控制着受众和行销市场。传媒产业创造了巨大的产业价值和经济效益，在美国的国民经济和世界经济中占有举足轻重的地位。

美国反垄断法为传媒集团的集中化发展提供了较为宽松的法律环境，而美国传媒集团的集中化发展是在一个全球化和世界传媒产业化的国际环境下发生的。其实，全球化和传媒产业化也是导致反垄断法放松对企业集中控制的关键性因素。

在全球化的时代，资本在整个世界追逐市场，传媒的产业化属性得到进一步深化，“资本主义的逻辑已经在全球的传播传媒领域控制了局势……传媒本身也已经深深整合到资本主义的发展过程之中，并进一步为资本的全球扩张和利润增长作出了贡献”[①]。世界大多数国家的传媒行业正在经历一个产业化和私有化的变革，不管是国家和公有的传媒公司，还是私营的传媒公司都更加强调市场机能与赢利。随着传媒市场的商业化，国家逐渐放松对传媒行业的行政干预而让位于市场的调节，而且，“国家的规范形式取消了公共利益、公共服务及相关标准，而采取市场标准，建立市场规范”。[②] 美国传媒产业正在从兼顾公众利益和广播利益的时期走向一个传媒产业大发展的时期。负载公共职能的传媒产品的“商品属性”越来越受到政府和联邦通讯委员会的重视，传媒的产业属性得到彰显。虽然人们对“传媒产品的特质是什么”

---

① *Dances with Wolves? China's Integration into Digital Capitalism*. 转引自胡正荣．外国媒介集团研究．北京：北京广播学院出版社，2003. 2

② 胡正荣．外国媒介集团研究．北京：北京广播学院出版社，2003. 196

仍然存在着争议，但是，传媒行业的特殊属性正在被淡化，甚至消除，而美国联邦通讯委员会的解除规制过程正是在不断地消除着传媒行业的特殊性。

同时，虽然在集中化、程式化的工业生产过程中，代表着美国文化的工业产品的差异性在减弱，但传媒集团代表着美国政府的声音在传播美国文化。在国际传播中，从某种意义上讲，传媒的声音就象征着国家的形象，代表着国家的综合国力，在伊拉克战争这样的特殊时期尤其如此，而传媒本身只有做大做强才能更好地发挥这些功能。传媒集团是现代复制式文化工业的集大成者，美国政府不惜牺牲某些公众利益，放弃传媒对政府的某些“仆从”式的支持，甚至冒着与体现自由和民主的立国之本的“第一修正案”相抵触的危险，放松规制、修正法律，使美国在线时代华纳、迪士尼集团、威亚康姆集团和新闻集团等全球性传媒大亨“受益匪浅”。美国政府和国会在两难中选择支持传媒的全球化（集中化经营）战略，这从联邦通讯委员会对于传媒集团富有“弹性”的规制态度、放松规制的“解法”运动中都可以体现出来。

1. FCC 规则的“弹性”

美国联邦通讯委员会主要是对美国的广播电视业进行管理，报纸等其他传媒产品是否属于其规制范围一直存有争议。传播学者梅尔文·德弗勒和埃弗雷·丹尼斯认为，政府干预广播电视业主要基于以下两个理由：一是频谱资源有限，即广播电台所占用的频率和电视所占用的频道数量有限，必须以某种方式加以分配；二是广播电视属于涉及“公共领域”和“公众利益”需要政府加以重点规制的行业。①

整个20世纪，美国联邦通讯委员会（1982年减少为5个成员）仍然以1927年广播业所奠定的、1934年被肯定的基本立法哲学为纲领，直到1996年的电信法案，甚至在措辞上都没有任何改变。

1934年的《传播法案》延续了1927年的法案精神，并肯定了联邦通讯委员会所签发的执照授予的是频道的使用权，而不是所有权：

第301条：本法案的目的是保持美国政府对国内和国外所有传播渠道的控制，为用户签发官方执照，提供该频道有限时间内的使用权，而不是所有权。任何执照都不能超越条款、时间和条件之外的权限。②

---

① 童兵．中西新闻比较论纲．北京：新华出版社，1999．128～129

② James A. Brown. *Radio – Television – Cable Management*. Washington：D. C. U. S. Government Printing Office，1996. p. 276.

但是，在执法实践中，联邦通讯委员会主要是从广电传媒的内容技术操作层面进行要求和监督的，对电台、电视台的内容和技术进行指导，而作为联邦通讯委员会立法精神的公众利益往往被“损害”。

20 世纪六七十年代，联邦通讯委员会没有制定严格的规制政策，这里有三个方面的原因：①面对高负荷的工作量和随之而来的压力，联邦通讯委员会及其成员根本没有时间对它与广电传媒将来的关系作出理性的思考。正如联邦通讯委员会的前主席牛顿·迈诺（Newton Minow）所说：“当我们重新审查现状时，必须承认 FCC 的程序也禁锢了它自己。有时候，委员会就像一个阴暗的大森林，FCC 的七名猎人经常被迫花费数周的时间来用高射炮打蚊子。为了政府的程序和美国通讯的利益，这个森林必须被稀疏拓宽，还要更好的开拓前进之路重建‘平整的运动场’，废除以前的很多规定，支持竞争平衡，并给予广播网络和地方广播在激烈竞争的媒体市场环境中为吸引观众和广告商而采取的节目战略机动灵活性。”[①] ②当时，美国广播电视行业出现了众多来自广播和电视执照方面的困扰，这些不必要的工作占用了委员们大量的时间，使他们无暇进行建设性的活动。③基于广播行业高度复杂、对政治敏感以及变化快的特点，政府对其严厉的控制事实上损害了公众利益。

对于在美国国会建立的制度系统，联邦通讯委员会是按照富有“弹性”的政策框架来运作的。由于传媒一味地沉浸于商业主义，没有提供高质量的节目，联邦通讯委员会不时地受到批评和指责。因此，其在制定政策时，总是试图折中相互矛盾的目标，以防遭遇到尴尬的反对。同时，美国社会是一个崇尚自由和民主的社会，人们对于广播事业上的利害关系是十分重视的，当联邦通讯委员会修正政策时，往往要遭遇言辞激烈的抨击，而且在政治上不流行的政策是不会被人们所接受的，这样就决定了联邦通讯委员会修正政策的巨大成本。尽管联邦通讯委员会由于规则的模糊性、政策的不连贯等常常受到抨击，但是美国政府和国会明确支持其富有弹性地实施通信法案。

联邦通讯委员会没有具体、严格和牢固规制规则的事实，就像行政管理过程依赖一种弹性一样，这种弹性是与变化的潮流相适应的。在某种意义上，联邦通讯委员会确实应该反映社会变化的趋势或标准，武断而具体的规制规则只能导致其自身的尴尬。

---

① James A. Brown. *Radio – Television – Cable Management*. Washington：D. C. U. S. Government Printing Office，1996. p. 276.

2. 传媒所有权限制的“解法”

在传媒产业化和全球化的宏观背景下，世界传媒市场的发展趋势呈现出一些明显的特点。跨国传媒集团的出现和发展成为时代传媒发展的一个潮流，受到各国政府的关注，政府规制从直接的行政手段走向间接调节，行政干预让位于市场，注重发挥市场的作用。

20世纪70年代以来，美国政府对待传媒产业的态度发生了转变，放松规制的趋势十分明显。“当然，传媒行业所发生的变化并不仅仅是由于1996年的电信法。在里根时代，传媒就已经经历了由放松规制所带来的一段巨大变化的时期”。[①] 政府放松规制与反垄断法变异的时期大致相当，这绝非偶然，“其实，正是在70年代，美国的反垄断法的主流观点开始了一个巨大的变化”[②]。当时，美国正处于经济滞涨期，促进经济发展是国会制定各项法令的前提，而美国政府则实施放松规制的政策，使垄断性质的规制让位于市场，发挥市场机制的调节功能。

不同的国家对传媒经营范围有不同的限制，同一个国家在不同时期对传媒经营范围也有着不同的限制。美国联邦通讯委员会的法律规范对传媒集团的经营管理的约束是直接的，而且呈现出逐渐放松规制的“解法”态势。美国联邦通讯委员会对传媒经营范围限制的变迁轨迹大致为：

1895年，意大利科学家古列尔莫·马可尼（Guglielmo Marconi）发明了无线电。1912年8月12日，美国参众两院批准了《1912年无线电法》，对分散在全国多地的点对点无线电通信技术作出相关规定。

1927年，国会通过了《1927年无线电法》，指出了广播电台与点对点通信的基本不同，并设立联邦无线电委员会。

1934年6月，国会通过了新的《1934年电信法》，对广播电视作出与其他传媒完全不同的规定：电波是属于公众的，持有许可证的广播电视台是临时管理者，它必须经政府批准方可进行广播；而这些临时管理者必须为公共利益服务，政府是衡量公共利益是否受到维护的仲裁人。同时，设立联邦通讯委员会，代替1927年设立的联邦无线电委员会。

1941年5月2日，联邦通讯委员会规定：禁止任何一家广播公司同时拥

---

① ［英］史蒂文·拉克斯. 尴尬的接近权：网络社会的敏感话题. 禹建强，王海译. 北京：新华出版社，2003. 203～204

② ［美］理查德·A. 波斯纳. 反托拉斯法. 孙秋宁译. 北京：中国政法大学出版社，2001. 40

有 2 个以上的广播网。

1965 年，联邦通讯委员会宣布将有线电视置于它的管理之下，并对有线电视公司能够引进信号的数量作了限制。

1972 年，联邦通讯委员会制定了有关有线电视的条例，包括有线电视公司可以转播 30 英里内得到政府许可的所有电视节目，以及收费标准、诉讼程序和建设计划：在 100 个最大的电视市场中的有线电视网至少得有 20 个频道的容量，必须有一个频道拥有自己制作节目的设施，并对节目和收费作出相关规定。1980 年，在有线电视业主纷纷抗议限制的情况下，联邦通讯委员会宣布有线系统可以自由接收远地的节目。

1975 年，联邦通讯委员会又颁布了新的交叉所有制，目的是禁止一家传媒公司在同一社区同时拥有报纸和电视台。

1982 年，联邦通讯委员会修改了广播电视台买卖事项的规则（在此之前，广播电视台在取得许可证后 3 年以内是禁止买卖的，而新的规则规定，只要获得 FCC 的同意，任何时间都可以买卖）。

1985 年，联邦通讯委员会将一家公司在全国可以拥有广播电台、电视台的数量从上限的 7 家提高到 12 家。

1992 年，联邦通讯委员会又放宽了对一家公司在同一城市所能拥有的广播电台、电视台的数量。

1996 年 2 月，美国国会通过了《电信法》（*The Telecommunications Act of 1996*，又称为《1996 年联邦电信法》），进一步打破了媒体之间的壁垒，允许多个不同媒体在市场上互相渗透，进一步放宽传媒所有制的限制，以法律的形式规范节目内容，限制色情和暴力等低俗内容的传播。

1996 年的《电信法》关于电视台所有权的规定如下：废除最多只能拥有 12 家电视台的规定，将一家电视台对全国家庭的覆盖率由原来的 25% 提高到 35%；责成联邦通讯委员会考虑放松“双头垄断”规则，根据该规则，一家公司在某一市场上只能拥有一家电视台；保留了各台之间原来在地方市场上的合同，但新建台必须遵守联邦通讯委员会的新规定，改变了原来在一个市场上不能同时拥有广播电台和电视台的规定；允许在 50 个最大的市场上同时拥有广播电台和电视台、同时拥有无线电视网和有线电视系统；撤销了在一个市场上不能同时拥有电视台和有线电视系统的规定，但仍保留联邦通讯委员会的有关规定。放宽不能同时拥有两家无线电视网的规定，即允许在拥有一家电视网的情况下新建一个电视网，但不允许购买另一个现成的电视网。

《电信法》关于广播电台所有权的规定如下：废除对全国范围内的所有权的限制，放松对地区范围的所有权的限制。在一个具有 45 个或 45 个以上的商业广播台的市场上，一个广播公司最多可拥有 8 家电台，但调辐和调频台的数量每一种最多只能有 5 家；一个具有 30 ~ 44 家商业电台的市场中，一个广播公司最多可拥有 7 家电台，其中调辐和调频台的数量则最多只能有 4 家；一个拥有 15 ~ 29 家商业电台的市场上，一个广播公司最多可拥有 6 家电台；在 14 家或 14 家以下商业电台的市场上，一个广播公司最多可拥有 5 家电台。

《电信法》关于执照期限的规定如下：原来规定电视台期限为 5 年，电台为 7 年，新法一律延长至 8 年，并简化更新执照的手续。

《电信法》关于电话公司和有线电视台互相收购的规定如下：禁止电话公司收购有线电视台，反之亦然。但是，人口在 3.5 万以下的偏僻地区和其他一些特殊情况除外，也不禁止电话公司和有线电视台互相拥有 10% 以内的股份。

《电信法》关于电话公司进入有线电视业的规定：撤销禁止电话公司在其服务范围内提供图像服务的规定，电话公司可自己选择有线电视系统或者两者兼营的系统，也可以作为新成立的公开图像系统来接受管理。它们不受联邦政府其他有关有线电视管理规定的限制，也不必获得地方政府的特许。

《电信法》关于有线电视进入电话业的规定：取消联邦政府和地方政府关于禁止有线电视业和其他人提供地方性电话服务的规定。要求和鼓励地方电话公司与这些电话业的新加入者就联网、号码分配、拨号协调等问题进行协商。①

在美国广电事业发展的过程中，政府对传媒的规制呈现出“解法”的态势，原因是多方面的，而且“解法”的过程也充满着迂回和反复。联邦通讯委员会的继任领导人，不管来自哪个党派，都表达了对电子媒体“重新立法”、“解法”或者“放弃立法”的意图。截止到 20 世纪 70 年代末，美国国会的一些成员为出台新的传播通信法规付出了艰辛的努力。尽管他们的努力失败了，但为以后 20 年时间里掀起的“解法”运动铺平了道路。80 年代，联邦通讯委员会的继任者马克·佛勒（Mark Fowler）和丹尼斯·帕特里克（Dennis Patrick），在 70 年代的领导人理查德·伟利（Richard Wiley）和查理

---

① 谢国平．改变世界的搏击．上海：复旦大学出版社，1999. 101 ~ 103

斯·费理斯的基础上继续努力，倾尽全力地简化颁发和审查执照过程中各种烦琐的官僚手续。佛勒极力推行里根的执政哲学——排除政府对私人商业的干扰。他信奉经济学意义上的市场，认为传播业的核心推动力量是市场而不是政府命令，因此强调“解法”应该渗透到执照、营业标准与工业流程等传播业的各个方面。在他的任期内，委员会废除了很多审查执照的标准、指针和程序。他所有的行动都建立在对关于传统“公众利益”标准并没有任何真实法律基础的确信上，所以，他认为并不能将缺失真实法律基础的公众利益标准应用于广播和电视行业。在第一修正案的名义下，他寻求印刷媒体完全平等的地位，把电视比喻为一个“图像吹牛者”——一个普通的、不需要政府控制的家用电器而已。当时提倡对大众传媒企业实施不干涉的“自由宗旨”（fairness doctrine）的主张遭遇了激烈的反对。[①] 美国上下两院在积极解除这些联邦通讯委员会向不合理的逻辑以及大公司妥协的产物。但是，到了1994年，共和党人在国会选举中失去了大多数党的席位后，传媒规制的钟摆从“政府纵容”又重新回到了“政府监督”上。

《电信法》是对实行了62年的《1934年通信法》作出了重大修改的产物，代表了美国跨世纪广播、电信等电子信息传播产业的基本思想——放松规制，即政府减少对电信、广播电视等电子信息传播产业的控制，放开竞争和经营，让市场成为调节该产业生存与发展的主要动力。

正如1996年2月8日克林顿在签署美国《电信法》的国情咨文时所说：

今天，我们的世界正被一场信息革命再次地改造着……但是，这场革命已经被过时的法律所阻碍，过时的法律是为仅有一家电话公司、三家电视网络，没有诸如私人电脑的时代所设计的。今天，随着一支钢笔轻轻一勾，我们的法律将赶上未来。我们将有助于创造一个竞争和革新能够迅速展开的公开市场。[②]

在美国《电信法》颁布后的几年中，政府同时也在通过立法和制定规则来限制传媒的所有权，确保声音的多样性并阻止媒体权力过度地集中于强大的个体或者集团公司。在反垄断法律下，明晰的所有权限制更不允许大电视网之间相互兼并。

---

① James A. Brown. *Radio - Television - Cable Management*. 3rd edition. McGraw - Hill Companies, Inc., 1998. p. 446.

② ［英］史蒂文·拉克斯. 尴尬的接近权：网络社会的敏感话题. 北京：新华出版社，2004. 203 ~ 204

3. 规制让位于市场

20世纪80年代中期，美国联邦通讯委员会的规制在逐渐放松，除了对一般性节目进行管理之外，广播电台或电视台为获得许可证必须提供日志、调查表、最低量要求和节目类型分类表等烦琐的手续都取消了。当时，美国政府和联邦通讯委员会的规制倾向就是：规制让位于市场。

联邦通讯委员会对于传媒行业的规制让位于市场，是一个“螺旋上升”式。1934年的《通信法》带有罗斯福新政时期立法的特点。其大部分法律虽然是1927年《无线电法》的重新法典化，但还是明显地反映了那个时代的精神：政府要求广播必须履行“为公众兴趣、利益和需要服务”的职能。卡特执政时期，人们对政府及其对公共事务管理的信任度下降了，转而信任市场的调节力量。

受里根市场管理理论的影响，时任联邦通讯委员会主席的查尔斯·弗里斯是“规制放开”的推动者，他领导联邦通讯委员会把“规制放开”的理念引入电子传媒领域，联邦通讯委员会开始抛弃烦琐的手续，市场和联邦通讯委员会的规制规则“同样有效”。

而现任联邦通讯委员会主席相信广播资源的“稀缺”理论，倾向于以市场机制来配置传媒资源。其实，规制放开的思路源于诺贝尔经济学奖得主罗纳德·科斯的思想。[①] 1959年，罗纳德·科斯发表了关于广播频率法规的研究文章。他认为，广播频率是一种稀缺资源，只有允许频率资源像土地或其他稀缺资源那样在高度私有化的市场环境下自由交易，才能提高其使用效率。

在规制让位于市场的思路引导下，美国联邦通讯委员会对于传媒的规制态度正在发生变化，认为市场力量优越于其规制规则。规制放开对于美国商业广播的影响是明显的：首先，联邦通讯委员会主张，竞争性的市场力量可以使广播始终保持对自己服务社区的了解，并作出相应回应。规制放开以后，关于社区问题的重要节目的季度节目单代替了全面详尽的节目日志。商业广播不再面临政府要求其削减商业节目数量的压力，可以自由选择市场所需要的节目。其次，许多广播电台或电视台提供的公共服务节目比规制放开前要少得多，新闻和公共事务节目不但减少了，而且可以安排在早晨时段。第三，规制放开必然要求修改规制规则，美国广播所遵循的原有商业节目方针，经过联邦通讯委员会的修订后已经变得抽象模糊。

① 曾华国. 媒体的扩张. 广州：南方日报出版社，2004. 240

在规制让位于市场的环境下，美国的非商业广播越来越依赖于企业的支持，如何吸引更多受众对它们来说十分重要，而且成为将它们推进适度竞争市场的动力。

总之，基于规制让位于市场的规制倾向，联邦通讯委员会放弃许多长期以来对广播实施的管理规定，给予广播电台和电视台更多的自主权和裁量权，但没有完全取消对一般性节目的管理。而当联邦通讯委员会面临规制放开后新问题的挑战时，市场很可能形成对广播的“再规制”。

第六章

传媒集中化的社会影响

传媒集中化带来了多方面的社会影响。美国借其经济优势在全世界范围内兜售其文化，传媒传播的全球化导致全球文化的趋同化，大型传媒集团成为发达国家实施全球扩张战略的工具，保护传媒民主价值观的传统方式不再适用，美国国内的公众利益与多元文化让位于美国全球扩张的国家利益。“一个世界，多种声音”的理想蓝图在以“工业化复制”为特色的美国通俗文化的全球传播下黯然失色。商业利益的侵袭改写了传统的国家—传媒—公众三者的关系，公共领域里传媒的政治角色及功能受到人们极大关注，其中以哈贝马斯的影响力为最大。

随着美国传媒集中化步伐的加快，全球传媒寡头正在形成，美国的传媒集团不断拓展海外市场，使得大规模的并购成为传媒发展的趋势与行规。对此，传媒技术革新并不能给人以满意的解释，对利润的追求才是传媒集团集中化程度加深的根本原因。

对反垄断法的执行倾向于经济学的进路，而联邦通讯委员会始终如一地倡导解除对商业化传媒和传播市场的规制。实际上，这意味着它们被有机地“重新规制”以服务于跨国公司的利益。

一、传媒市场与民主

在经济、文化和社会日益全球化的时代，跨国传媒集团在国际传播和公共空间应该发挥更大的作用。然而，从 20 世纪 90 年代开始，特别是在美国

“9·11”事件发生之后，关注社会底层的传媒集团大幅削减派往他国报道国际事务的记者数量。我们生活在一个关注消费者、股市数据和利润刺激，而非新闻话题日益支配传媒日程设置的社会。那么，只要大多数消费者继续拥有较多的产品选择权，我们就可以不关心谁拥有传媒了吗？难道只有在传媒市场的多种声音日益单调起来，我们才关注谁拥有传媒吗？

跨国传媒集团通过并购将持续控制传媒产品的生产和发行。新闻界所关注的是并购者对新闻操作的影响，特别是大公司对其附属新闻公司的影响。这些公司有能力使用主要的新闻来源，进而提升其产品并决定其报道。

在跨国传媒集团控制市场的媒介生态环境下，尽管（或许是因为）传播渠道有很大的拓宽，但是对经济和所有权话题的公众讨论却变得日益困难。从货币交换的角度来讲，大众传媒体系对政治是有很大功能的；而从民主视角来看，大众传媒体系对政治则具有很大的副功能。华盛顿特区的政治家为了保持其执政党的地位，在竞选活动中总是接受传媒集团及其游说组织为其提供的数百亿美元的竞选资金。这些传媒集团使用这些资金对促进它们实现规模经济和放松规制的政策施加影响。

于是，政治家转向诉求于这些传媒集团的地方电视台。在竞选期间，他们花费很多资金来播放其政治广告。截止到2000年，美国政治家们已经继汽车和零售商之后位居广播网地方附属电视台的最忠实广告客户的第三位。在2004年，布什/克尔的总统竞选费用达到了史无前例的高峰，而地方电视台的政治广告额也飚升到16亿美元。但是，虽然广播台十分乐意接受政治性广告，但公众的收听率却很低：在大选的几周内，80%以上的地方高收听率的电视新闻节目中至少包括一则政治性广告，但只有44%的广播台报道有关竞选的新闻。①

多频道有线电视系统和网站一直在承诺给予没有发出声音的社会群体以发言的机会。然而这个承诺可能难以兑现，因为这些系统都处在被大公司快速购买或控制之中。这些公司是否会向持有不同观点和不能担负起信息接近渠道的人们开放其系统，这仍然是一个悬而未决的问题。

尽管美国市场不断发生传媒并购活动，但传媒仍然在提供多样化的意见和观点。实际上，当公共论坛上独立观点变得较为流行时，跨国传媒集团常

① *Local TV News Coverage of the* 2002 *General Elections*. http://www.localnewsarchive.org/pdf/LocalTV2002.pdf.

设法使美国的独立传媒公司成为其附属公司或者利用它们的技术来改进自身。传媒的不同声音经常引起社会的关注，而社会所关注的问题在传媒公司的办公室和编辑部并没有得到正常的讨论。“处在顶端”的传媒领导者往往依赖来自“底端”的独立观点来产生新的生产线。

信息时代的一个关键问题是关于有意义和民主式的经济探讨，而所探讨的这些问题必须在大众传媒以及教育设置中承载。然而，关于传媒结构和所有权的公众讨论通常并非传媒所有者最大的经济利益所在。在某些地区，地方集团和消费活动往往涉及影响个体和社区生活的传媒话题。例如，2000 年西雅图对世界贸易组织的抗议活动，可能通过地理枢纽、共同的伦理背景或者关于政治或技术的共同关注而联系起来。或许，我们已经做好准备来应对传媒并购和集中化，今天的公共论坛似乎也已经开始这样的观察，它有可能既改善全球经济，同时也更好地服务于公众；而通过对传媒经济的理解，我们也能够评价传媒对于民主的影响和冲击。①

二、传媒并购与公众利益

20 世纪 90 年代以来，我们已经见证了时代公司与华纳传播公司、威亚康姆与派拉蒙、MCA/环球与宝丽金（PolyGram）、迪士尼与 ABC、威亚康姆与 CBS、时代华纳和特纳、AT&T 与 TCI、维旺迪与环球影视以及 AOL 与时代华纳之间数亿美元的接管或合并。这种企业并购同时在“撕裂”着传媒的管制规则，实际上也对传媒工业很多所有权的限制提出了挑战。结果使得很多消费辩护者和公民利益群体对于放松规制和所有权的并购提出了质疑。

《传媒垄断》（*Media Monopoly*）的作者本·巴格迪肯（Ben Bagdikian）对传媒并购进行了长时间的批判。当本·巴格迪肯于 1983 年完成《传媒垄断》第一版的写作时，就警告说，只有 50 家公司掌控着美国大众传媒市场。截止到 2004 年该书第七版出版的时候，控制美国大部分报纸、杂志、广播、电视、书籍和电影的公司从 50 家下降为 5 家：时代华纳、沃尔特·迪士尼公司、新闻集团、维旺迪和贝塔斯曼（统计还包括美国的索尼公司——日本索尼公司的精英部分美国分公司）。他担心，虽然传媒市场上有大量的文化产品——“1 700 份报纸，8 000 多家周报，10 000 家电台和电视台，11 000 家

① Richard Campbell, Christopher R. Martin & Bettina Fabos. *Media & Culture: An Introduction to Mass Communication*. BEDFORD/ST. MARTIN'S, 2007. pp. 474 – 475.

杂志和2 500家出版社”——但仅有几个公司在支配这些产品。① 这代表着一种危险的反民主倾向，其中少数传媒大亨掌控着经济总量中不合时宜的比例。

过去几十年合并的浪潮要求我们以不同的方式来审视我们日常接近的大众传媒，多种潜在的利益冲突暴露出来。例如，我们是否应该相信 NBC 新闻关于 GE 的报道或者 ABC 新闻关于迪士尼的报道呢？我们是否应该关注新闻集团对于白宫报道的政治基调（即福克斯新闻频道和《纽约邮报》的报道语气），而 FCC 正在考虑对于传媒所有权的管制限制？假如《时代》杂志在大力宣传华纳兄弟电影公司的一部电影，我们应该感到惊奇吗？更为重要的是，我们应该采取什么措施来保证大众传媒的功能不仅像股东所获得的商业成功一样，而且也使大众传媒成为我们民主生活的有机组成部分？

在“越大越好”的金科玉律支配下的传媒市场中，虽然美国传媒集团的并购和集中化发展不一定构成反垄断法所规范的垄断行为，但人们担心传媒并购可能减少意见市场上的多样性，集中化趋势下小媒体的生存状态也面临着严峻挑战，其直接后果就是破坏了有序的新闻事业和民主规则。而最有力的证据就是并购带来的传媒集团所有权的集中和传媒集团对利润的追逐。

在联邦通讯委员会越来越主张“让市场作决定”的哲学指导下，美国广播业成功运转的标志就是它挣了多少利润，而不是它如何服务于公众利益。新一代的电视网业主是那些以金钱为导向的人，他们把自己的技巧用于广播电视业的企业行为方面。基于此，这些新业主面临的首要任务之一，就是要改进电视网因观众减少和节目制作成本增加而每况愈下的财政状况。

美国传媒集团实施并购战略，是市场竞争所必需的，其中财政状况的考虑占有很大的比重。20 世纪 80 年代的收购浪潮的特征是财务杠杆收购，美国商界盛行公司合并、敌意接管以及靠垃圾债券的资助而进行的举债收购。当时，历史上最大的传媒并购是由报业集团甘奈特联合通讯公司（Gannett of Combined Communication Corporation）这样一家集广播电台、广告和报纸于一体的传媒集团出资 3.4 亿美元完成的；在 90 年代以来的第五次兼并浪潮中，传媒领域的兼并金额更加令人吃惊。数额惊人的传媒集团的收购自然抬高了传媒行业本来就很高的进入门槛，使新进入者进入市场的难度加大，同时加剧了小媒体的生存环境的恶化。这种情形当然是意见市场失去多样性的首要

① Ben Bagdikian. *The Media Monopoly*. 6th edition. Boston: Beacon Press, 2000. p. 222.

表现。

传媒集团在并购的基础上实施一体化和整合战略，分割市场，并购者互相持股，传媒所有权在集中的同时呈现出复杂的状态（默多克的新闻集团属于家族企业，存在着所有权转让和再分割问题）。而传媒集团所有权的集中和复杂，势必促使所有者或股权人把自己的利益置于公众的利益之上，这对整个社会福利是不合意的；同时，美国传媒集团要保持其市场垄断力（地位），必然导致其一味地追逐广告量和收听（视）率，使得传媒集团的节目内容有可能破坏了有序的新闻事业和民主规则；更为重要的是，传媒集团的并购加剧了传媒所有权的集中化程度，使本来程式化、复制式的文化工业变本加厉地在全球范围内扩张，而行销全球的文化产品代表着美国的主流文化和意识形态，与当地的或民族的文化差异和冲突有可能使多元文化萎缩。

在20世纪八九十年代的传媒并购浪潮中，只有少数评论家批判了日益明显的国际传媒市场的寡头结构。对于传媒并购造成公众利益危害的公众讨论的缺失，可以追溯到20世纪二三十年代。当时，商业电台的管理者成功地将自己描述为公众利益的实施者，同时标榜其在教育、劳工和宗教方面作为宣传之声音的非商业性。在早期的探讨中，民主的政治观点成为资本主义经济结构的亲密联盟。

在20世纪五六十年代的“冷战”时期，甚至连批评资本主义都变成了十分困难的事情，这种做法成为很多领域内民主的象征。在这样的环境下，关于资本主义的任何批评都会变成对于自由市场（经济）的攻击。因此，美国出现了一股倡导言论自由的批判主义。长期任CBS总裁的威廉·佩利（William Paley）在1937年对一群教育工作者说：商业广播体系中“攻击美国制度原则的人其实是在攻击民主本身”[①]。广播史学家罗伯特·麦克切斯尼（Robert McChesney）在20世纪30年代讨论商业广播兴起的时候已经指出，像佩利这样的领导“把资本主义等同于自由和平等的市场，而自由和平等的市场等同于民主，民主就是‘美国主义’”[②]。20世纪90年代前，苏联社会主义经济的崩溃经常被描述为民主的胜利，更准确地说，这是一场资本主义和自由市场经济的胜利。

---

① Robert W. McChesney. *Telecommunications*, *Mass Media & Democracy*: New York: Oxford University Press, 1993. p. 251.

② Robert W. McChesney. *Telecommunications*, *Mass Media & Democracy*. New York: Oxford University Press, 1993. p. 264.

正如很多经济学家所指出的那样，资本主义是垂直的架构，有实力的企业领导者站在顶端，而拿周薪的工人则处于底端。但是，从原理上讲，民主更多地代表着一种水平的模式结构，其中每个个体都有机会让他或她的声音得以传播，让其投票选举权得以享用。在讨论自由市场时，经济学家们也对市场产品的消费控制（consumer control）与消费选择（consumer choice）的自由加以区分："前者要求消费者参与决定提供什么样的商品；后者则倡导消费者在制造商为其提供的多重选择中自由选择。"① 大多数美国人和其他经济发达国家的公民都明显地拥有在众多传媒产品中进行选择的权利。然而，消费者甚至雇员在决定传媒创造和发行何种产品时的力量是有限的。

而相反的观点往往认为，美国传媒集团之所以有良好的经营模式、市场优势和规模经济效益，完全应归功于并购。而并购战略的实施并不破坏新闻产品的质量，具有垄断力的传媒集团为了保持其市场的竞争力和垄断地位，就会对节目的采集、制作、发行进行全方位的投入和改善，以获得更高的收听（视）率，赢得更多的广告，而不会破坏新闻事业和民主的规则。

三、传媒集中化的文化影响

美国全球传媒系统的形成并非没有遭遇过抵制和反对。当大型传媒集团要求政策为其在全球市场的控制服务时，有着良好民主和法制传统的美国社会，置传媒集团集中化可能带来的文化和社会福利的挑战于不顾，继续实施对传媒产业集中化发展进行保护的政策。

美国的传媒集团无论从何种意义的经济学术语上说，都是一种不完全竞争（partially competitive）。许多传媒公司拥有相同的大股东，互相拥有对方公司的股份，或拥有相互重合的董事会。1997 年，《综艺报》（*Variety*）杂志编撰前 50 家全球最大传媒公司的名单时，发现"合并的狂热"和相互所有权（cross - ownership）已经"形成一张复杂的相互关系网"，并且"令人头晕目眩"。全球化的传媒市场尤其鼓励建立合资企业，每个传媒巨人各拥有对方的部分所有权。通过这种方式，公司减少了竞争和风险，增加了赢利的机会。②

---

① Edward Herman. Democratic Media. *Z Papers*, January - March, 1992. p. 23.

② ［英］史蒂文·拉克斯. 尴尬的接近权——网络社会的敏感话题. 禹建强，王海译. 北京：新华出版社，2004. 206

经济学家通常在划分产业组织的四种市场结构时，首先提及的因素就是市场中有多少企业。如果只有一家企业，那么市场就是垄断的；如果仅有几家企业，市场就被寡头垄断。当市场中存在许多企业时，就会涉及第二个因素：企业产品的差异性。如果市场中的许多企业出售有差别的产品，市场就是垄断竞争；如果许多企业出售相同产品，市场就是完全竞争。很明显，市场上企业的多寡是评判市场竞争和垄断程度的首要参数，理所当然也是表明传媒市场集中程度的"硬指标"；而传媒市场大部分是垄断竞争或者寡头垄断的市场形态，垄断的程度决定着产品的差异性。那么，沿袭这个逻辑走下去，传媒的集中程度必然决定了其产品差异性的减少，而传媒产品差异性的减少势必影响着文化的多元化。

毫不夸张地说，美国的传媒集团正处在一种"垄断"的市场环境中，传媒集团的集中化发展必然造成"寡头垄断"的市场状态。在"寡头垄断"的传媒市场下，保护传媒民主价值观的传统方式正在消失。首先，市场竞争成为垄断的不同形式，即使存在竞争，比较而言或与历史上的情形进行对比也是相当微弱的。事实上，由于传媒行业进入的高门槛和行业规模经济的要求，即使有一定实力的企业也不可能建立能与传媒集团相抗争的传媒公司，传媒市场已经对新进入者关闭。而市场进入机会的平等性往往是民主的重要表现形式，进入市场的机会没有了，民主也在丧失。其次，传统新闻机构所赖以生存的"客观公正"、"不党不私"的新闻价值观在减弱，这在一定程度上削弱了传媒的民主价值观。因为传媒所有权掌握在业主手里，在垄断竞争的市场结构中，专业人士以传统新闻价值观为由对抗业主的政治和商业利益的做法是不现实的，其力量是单薄的。

1. 集中化的文化工业

美国传媒集团的集中化发展造就了寡头垄断的传媒市场结构，几家大公司支配着美国的文化工业，控制了大部分的文化产品。按照经济学的理论，文化产品的创新是需要成本和承担风险的，寡头垄断传媒组织创新的可能性不大，它们更倾向于避免与创新联系在一起的风险，惯于生产高度标准化和同质的产品。同时，具有垄断力的寡头传媒公司以最大限度地获得利润的方式选择文化产品，这就决定了它们无法满足消费者对于文化产品创新之所需。因为寡头传媒公司之间的激烈竞争，每个公司都在试图获得最大的市场份额，从而缺乏创新的动力。

传媒组织对于受众的需要和兴趣、社会公众利益的反应，很大程度上取决于其对市场控制的状况。20 世纪 80 年代以来，在联邦通讯委员会规制放松的背景下，寡头传媒集团控制市场，超越了以前由于消费者趣味变化、技术革新和反垄断法等因素所带来的挑战，它们有足够的财政和管理资源来维持其市场的垄断地位，也不会对流行趣味的迅速变化作出反应，市场结构不再是文化创新程度的重要因素。寡头公司更加倾向于相互合作和“共谋”，而不是相互竞争。这样，寡头垄断的市场结构更加稳定，寡头传媒集团加强了对市场的控制。

电视工业的发展案例能够很好地说明传媒集中化的文化工业模式。从 20 世纪 40 年代电视的出现到 80 年代联邦通讯委员会规制放松的这段时期，美国电视的集中化程度都是很高的。如上文所分析的，虽然有来自有线电视、付费电视和新进入者（如 CNN）等方面的竞争，电视并没有大幅度地改变产品的特征。按照寡头垄断的模式推理，处于垄断地位的电视公司有理由创新产品，把小企业排斥在外围，保持它们对电视市场的控制。电视市场的规律说明，几大电视公司应该根据尼尔森收视率（采用代表性的家庭样本，评估收看特定节目的有电视家庭的数量）和市场调查的人口统计数据之类的标准来选择或取消播放的节目。换言之，电视公司应该通过满足电视观众的需要，从而吸引观众来维护它们在市场上的垄断地位。但是，在电视公司看来，观众的需要远远比不上广告商对吸引目标受众的需要那么重要。研究表明有两个因素比收视率和人口因素更能引起电视公司的关注：一是与电视网络从电视连续剧获得的利润率相关的这部连续剧的成本；二是对标准化内容的偏好和对不同寻常的内容的成见。从 1974 年到 1979 年，被取消的黄金时间的节目有一半以上收视率很高。① 但是，电视公司考虑的是成本、追逐的是利润，而并非收视率或人口统计数据。

为了降低成本，电视公司总是任用熟悉模式化节目制作的人才。电视节目制作和播放的各类把关人通过模仿成功节目，或根据这些节目的特征加以创新，然后凭借电视网络的垄断地位将这些雷同或派生的节目打入市场。实际上，为电视网制作电视节目的人总是圈内固定的那些人，“掌握标准形式的人有一百名左右……他们是将这项工业价值内在化的行家里手”，“电视是一个规模这么小的行当，这简直让你无法相信。我国有两亿人口，却只有几

① ［美］戴安娜·克兰. 文化生产：媒体与都市艺术. 赵国新译. 南京：译林出版社，2001. 63

百人在经营电视节目——都是在一起相处很长一段时间的圈里人，彼此袒护”①。

美国传媒集团对市场的垄断，不但抬高了进入门槛，而且提高了电视公司创新的风险和代价。所以，电视台倾向于生产雷同的获利产品，而高度标准化和同质的产品必然造就程式化、大量复制的文化工业模式。正如阿多诺所说，对利润的追逐决定了文化形式的性质，使文化工业标准化，其产品与其他被大量复制的商品一样。

2. 文化工业化的批判

谈论传媒集中必然要谈到以文化工业批判为主要业务的法兰克福学派，它对文化工业的批判是大众文化批判理论的重要组成部分。法兰克福学派源于1923年在德国莱茵河畔法兰克福市成立的法兰克福社会研究所，马克斯·霍克海默、本雅明、马尔库塞和阿多诺等响亮的名字构成了法兰克福学派的核心人物。

从总体上看，法兰克福学派对文化工业持批判的态度，而阿多诺是法兰克福学派中对大众文化批判最为激烈、影响也最为深广的一位。法兰克福学派的批判理论认为，大众文化整体上类似一个大杂烩，是自上而下强加给大众的一种文化工业，而“文化工业”基本上成为大众文化的代名词。

阿多诺认为，文化工业在大众传媒和日益精巧的技术效应的协同下，大肆张扬戴有虚假光环的总体化整合观念，一方面极力掩盖严重物化的异化社会中主客体之间的尖锐矛盾，一方面又大批量生产千篇一律的文化产品，来将情感纳入统一的形式，纳入一种被包装的意识形态，最终是将个性无条件交出，淹没在平面化的生活方式、时尚化的消费行为，以及肤浅化的审美趣味之中。由此可见，文化工业就是一场“骗局”，它的承诺是虚伪的，它提供的是可望而不可即的虚假的快乐，它用虚假的快乐骗走了人们从事更有价值的活动的潜能。而阿多诺对文化工业的后果的描述更是深刻：

文化工业的整体效果是一种反启蒙的效果，就像霍克海默和我注意到的那样，其间本应是进步的技术统治的启蒙，却变成了一场大骗局，成为束缚意识的桎梏。它阻碍了自主的、独立的个性发展，这些个性本来是能很明智地为自己作出判断和决断的。

---

① ［美］戴安娜·克兰．文化生产：媒体与都市艺术．赵国新译．南京：译林出版社，2001.65

在此基础上，阿多诺进一步指出，文化工业生产什么商品，取决于这些商品能够实现什么样的市场价值。利润的追逐决定了文化形式的性质。文化工业的过程是一种标准化的过程，其产品就像一切商品那样同出于一个模式。

阿多诺认为文化工业的作用是麻木心灵，强制推行资本主义的秩序。而这种被强制灌输给大众的秩序，总是无一例外地变成现存社会的秩序。这就是文化工业的意识形态，它替代了大众的意识乃至无意识，容不得任何出格的、不同的、反对的思想方式，故而文化工业是用谬误替代真理，用虚假的需要和解决办法替代真实的需要和解决办法，由此它俘获了大众的心灵和意识。在渗透着权力结构的文化工业面前，阿多诺发现，大众实在是无能为力的。文化工业毫无疑问就是削平个性、腐蚀大众意识的东西。①

法兰克福学派的文化工业理论的最大缺陷在于，其理论局限在意识和精神领域。而阿多诺对文化工业的种种批判，基本上是拘囿于理论分析，很少伴以具有说服力的实践证明。

任何理论都有其产生与存在的特定历史语境。就目前而言，传播资源无限丰富的可能性使受众的注意力成为日益“稀缺”的资源，这一制约因素使传播不管从终极产品还是生产流程上，都更加“受众本位化”。在世界范围内，“分众传播”成为潮流所向，传播中的“人本”倾向日益明显，对于建立在高度同质化的“大众传播”基础上的法兰克福学派的传媒文化批判，我们有必要在新的历史背景中予以审视。

3. 传媒公共领域

根据西方资本主义国家的民主制度，在现代民主社会里，言论自由是公民的基本权利。报纸、广播、电视等大众传媒，一方面既鼓励和保障大众参与公众生活和民主进程，同时也对国家机器和民主进程进行监督和批判。可以说，大众传媒是民主社会的重要组成部分。

20世纪70年代以来，全球性的经济危机使资本主义国家感受到了市场的压力与冲击。美国政府对传媒行业实行改革，逐步放松管制；大多数欧洲国家也纷纷解禁保护性传媒政策，向市场化转轨。政策的转变把大众服务性传媒推向市场，改变了文化领域中市场控制与国家控制文化和传媒服务机构的比例，使欧洲传统的大众服务性传播结构发生了深刻变化，或者纷纷解体演变为商业经营，或者面临商业性传媒的严峻挑战。例如，英国的电视私营化政策就孕育了独立电视台。那么，在传媒市场化和私营化的潮流中，传统

---

① 陆扬，王毅. 大众文化与传媒. 上海：上海三联书店，2000. 62

意义上的国家、传媒、公众三者之间的关系发生了变化，传媒的“公共产品”属性和“公共领域”中的政治功能再次引起人们的关注。

对“公共领域”研究最为著名的当属法兰克福学派的第二代领袖人物J.哈贝马斯（J. Habermas，1929—）。20世纪60年代，哈贝马斯发表《公共领域的结构转型》，指出公共领域（public sphere）就是假定国家和社会的市民可以在其间自由言论、不受国家干涉的一个公共空间。而传媒运作的空间之一就是公共领域。

哈贝马斯认为，资产阶级在社会经济活动中获得独立后，国家和社会就应该分离。在国家与公共领域的关系方面，国家后退成为政治社会，只负责政治事务，将社会和文化生活交给社会。在理想的民主政治下，国家在法律制约下只能承担公共领域的担保人角色，是保障自由的权力机关。国家只能担保和提供公共领域的运作条件，但不能干预。比如它可以为传媒、大学提供资金，却不能插手传媒和大学的具体事务。哈贝马斯认为这是一种理想的公共领域模式，体现了资产阶级的理想：建立一个民主的、平等参与的、自由讨论的整合社会。

然而，随着19世纪末资本主义经济在垄断发展中导致的财富分配的不平衡，进而导致进入和控制公共领域的不平等，国家成了经济领域的参与者，开始“寻租”式地分享私人利益。公共领域与私人领域走向融合，从公私分明转到国家社会一体化。结果，国家和私人开始对传媒进行控制，导致了公共领域的“再封建化”。

在哈贝马斯看来，自18世纪以来传媒的民主功能在不断下降，“社会的对话被管理起来了”。公共领域受到广告等传媒技术的“劫持”，而公众因此从文化批判走向文化消费。18世纪中叶，新闻传媒的政治角色是把个人意见转为公众舆论。大众能够参与媒体，从而对公共政策施加影响，并且可以批评政府的公共领域。公众在传媒的公开市场上进行观点的讨论和争论，加快了民主政治的进程。然而，资本主义日益走向垄断，传媒逐渐成为资产阶级控制下的意识形态工具。与国家“共谋”的传媒集团，以它们共同的政治和经济利益取代了大众话语权，公共舆论不再是理论话语意义上的讨论过程，公共领域亦沦为传媒操纵下的“名利场”。

哈贝马斯公共领域理论的核心是民主政治，以理想化的民主和言论自由为基本特征的公共领域能够“逃避”国家和市场的制约。具体到传媒研究的层面上，核心的问题可以归结为媒体的“管理权”，即是由国家来管理，还是完全放任于市场。

传媒的市场化发展对被奉为大众服务性传媒的经典模式的英国BBC带来

了挑战。1972 年，英国独立电视局改名为独立广播局（Independent Broadcasting Authority，简称 IBA），标志着英国商业电视和广播市场的进一步开放；1973 年，英国伦敦广播公司（第一家私营电台）开播，打破了 BBC 垄断广播的局面，英国的广播市场形成了 BBC 和 IBA“双头垄断”的格局。① BBC 的特点是精英的、高雅的非商业化运作，信息量丰富，大投资制作，提供独创性的节目和文化服务；独立电视台往往信息量贫乏，大批量制作，提供千篇一律的娱乐性服务，以大众化、娱乐化的节目获取利润为目的。

市场自由主义理论家在对大众服务性传媒的僵化体制进行批判的基础上，倡导放任市场的传媒发展模式。市场是对国家规制规则的最好防范途径，只有发挥市场的主导力量才能保证传媒的自由和独立性。如果传媒由政府管理，必然就会沦为政府的奴仆。这个脉络的理论根据可以追溯至亚当·斯密的市场自由主义，认为传媒的动力是赢利，只有依靠广告收入的传媒，才能保持其政治上的独立性。换言之，只有在市场上自由竞争的私营媒体，才能保证对政府的完全独立。由于传媒旨在赢利，传媒和观众的关系自然就成为一种产品和消费者的关系。在竞争的市场条件下，传媒若要最大限度地占有读者/观众，势必要最大限度地表达受众的意见。这是生产者与消费者的交换关系，读者/观众的购买力才是传媒的真正“控股者”。由于利润驱使，传媒市场必然要照顾消费者的需要，提供尽可能多的信息，而消费者对信息的选择促使他们自我表达并鼓励他们积极进行政治参与。

“新马克思主义”等“左派”理论家不同意这种看法，他们认为，资本主义不但拥有生产工具，更拥有文化的生产工具，通过其拥有的传播资源去控制上层建筑。“公共领域”由此成为霸权图谋和阶级支配的竞技场，通过灌输虚假意识形态来瓦解对手。资本主义的霸权因此得到维持。同时，市场是制造垄断的条件，私人拥有传媒意味着对政治传媒的操纵，故而是对自由政治交流的阻碍。少数人控制信息，使公共领域趋向不平等和信息单一化。

传媒的政治模式和经济模式，在价值观念和社会关系上是互相矛盾的。西欧的大众服务性电视主要是将观众看成政治个体，“电视观众”在精英话语中成为一个本体固定的对象，他们需要改造，需要提高素质。所以，电视应该为大众提供精品，提供有教益、能够改变大众即国民素质的文化服务。相反，美国的商业电视把观众看作消费者，收视率决定一切。电视台和观众

---

① 郑超然，程曼丽，王泰玄. 外国新闻传播史. 北京：中国人民大学出版社，2000. 107

（消费者）的关系成为市场经济下的供求关系，市场即观众需要什么，传媒就提供什么服务。为利润所驱使，要最大限度地占领市场，获得最大的消费群体，电视产业必须生产出能够跨越阶级、民族、性别、年龄和种族等界限的文化产品。好莱坞电影《泰坦尼克号》行销全球即是明证。

哈贝马斯的公共领域是一个历史性的批判理性范畴，为批判理性找到了冲破工具理性的历史依据和理想范式，具有重大的历史意义。但是，哈贝马斯的公共领域理论的局限性在于，他对公共领域的大众文化的阐释，使用的是法兰克福学派的观点。而法兰克福学派的文化工业批判存在一个很大的局限，这就是他们的批判限制在意识和精神领域，因此很难说就具备了实践性①。

而在实际的传媒市场上，具有垄断力的跨国传媒集团控制着全球的公共舆论，第三世界发展中国家很难拥有公共领域的发言权。传媒市场以其独特的方式，在消磨公共和私人领域的界线，冲蚀着文化的差异，它通过对市场的控制，不但造成世界范围内信息传播的失衡和新闻秩序的无序，而且重新制造着不平等的社会结构。对此，20 世纪 80 年代以来，西方国家的一些社会和政治力量，出于自身集团利益的考虑，要求国家干预，来保护大众性服务传媒的公共领域，使其免受市场和资本力量的冲击。人们希望借助于政府的力量来保护公共领域，使有关政策的公开辩论不受限制；当具有垄断力的传媒集团实施垄断行为时，政府可以通过立法和行政手段来保护和鼓励市场竞争，抑制垄断。在市场失灵和外部性的情况下，政府的规制就是有效的救济。

四、传媒经济的全球化

1. 经济全球化与全球文化的趋同化

经济全球化决定了文化发展的全球化态势。与经济全球化相伴随的必然是传媒经济发达国家的文化在全球的“兜售”，承载着西方国家文化形态的各种产品行销全球，人们购买这些产品的同时也在接受一种文化，在渐进的过程中，这种文化与当地的主流文化沟通、冲突、渗透、聚合，从而合并成为一种所谓的“全球性文化”。

人们对“全球性文化”的理解不同，联合国教科文组织曾经提出“一个世界、多种声音”的文化全球化构想。但是，现在大规模的跨国文化交流是建立在经济全球化基础之上的。可口可乐、好莱坞和米老鼠作为美国文化的

① 陆扬，王毅．大众文化与传媒．上海：上海三联书店，2000. 62 ~ 98

象征，随着美国传媒集团这种联合大企业在全球的扩张走进了很多国家的文化市场，而这些国家有着不同的政治体制和文化传统。阿帕杜莱（Appadurai）认为，全球文化的形成可能源于以下因素：一是种族迁移，包括从一个国家流动到另一个国家的人们，例如旅游者、移民、难民、流亡者和外出打工者。二是技术迁移，即技术革新，其中既包括机械技术革新，也包括信息技术革新。三是意识形态迁移，包括种种意识形态，既有现代的又有传统的。四是金融迁移，包括从一个货币和商品市场流动到另一个货币和商品市场的投资和货币。其实，从阿帕杜莱的论述中，也可以反映出经济全球化过程中文化发展全球化的趋势。

人们已经习惯用全球化作为时代表征的术语，全球性文化也迅速成为一个“走红”的概念，尽管对于它们的内涵人们尚未达成共识。美国传媒集团在世界范围内扩张、好莱坞大片行销全球的事实，至少可以说明，电视、电影等文化工业生产的录制能够在不同语言、历史、宗教信仰和政治体制的国家和地区传播，虽然具有不同文化背景的异国、异族的人们对它们的阐释不同，也可能对当地文化带来某种程度的冲击，但是人们对此还是接受了。从这个层面上讲，全球性文化就意味着不同国家拥有某种共同的文化，这种共同的文化就是在整个人类文明进步过程中，由世界各民族各地区的文化传播、交流、冲突、渗透、聚合而成的。全球性文化需要一个全球性的传播网络系统，现代化文化工业程式化、大量复制的生产方式为全球性文化的传播提供了技术手段，而传媒集团的集中化发展又加剧了全球性文化的扩张和渗透。

美国政府对大众传媒的控制放松，为传媒集团的集中化发展和海外扩张创造了良好的环境。传媒集团属于媒体联合大企业，跨行业、跨媒体的多元化和规模经济的集中化，为融资提供了基础，文化工业现代化的生产方式等因素都非常有利于传媒集团向全球性文化施加影响，从而把更多地渗透着美国文化和价值观的“全球性文化”推向世界。

经济全球化带动了文化传播的全球化趋势，而传媒经济与文化紧密结合的特点，必然决定了传媒经济的全球化。当代的媒体全球化是市场经济发展全球化的需要，也是世界信息化和经济一体化时代媒体发展的大趋势。全球媒体充当了经济全球化的宣传工具，跨国公司需要全球媒体协助，使产品和服务可以向新的国家、新的地区和新的市场扩张。同时，全球媒体所宣传和倡导的文化，将有助于创造市场全球化所需要的文化、思想等意识形态。

2. 媒体全球化

经济全球化是传媒集团全球化运行的动力，而且为传媒集团的全球扩张提供了可行环境。美国在线时代华纳、迪士尼、维亚康姆、新闻集团和贝塔斯曼、索尼等国际传媒集团的出现，标志着媒体全球化时代的到来，传媒面向全球传播信息的运营模式已经形成。美国的传媒集团实施集中化和多元化的发展战略，在全球范围内疯狂地并购其他媒体，支配着传媒产品的制作、发行和配送环节，而且控制着全球大部分的广告市场。迪士尼品牌产品、MTV 音乐和可口可乐、麦当劳一样行销全球。

媒体全球化首先是传媒集团集中化发展的结果。传媒集团在集中化发展的过程中，实施全球化、本土化和一体化的发展战略，使得信息在全球范围流通，国界之间的限制在减少。由于经济发展水平和文化差异，虽然不同国家或地区的信息接近权存在很大的差异，甚至是“数字鸿沟”式的信息传播秩序的失衡和紊乱，但是，全球传播信息降低了传播的成本、经济规模和市场进入壁垒，跨国传媒集团的全球扩张客观上带来了一个在信息面前，个人与个人、国家与国家之间越来越平等的世界。[①] 媒体全球化成为经济全球化和信息化时代所衍生并作为其重要表征的发展趋势。

第二，传媒技术的发达和应用降低了信息传播的成本，拓宽了传媒集团在全球的传播范围，传媒集团有条件从全球的视野来采集、制作和配送节目。在媒体全球化的时代，全球性的传媒品牌、电视频道和融合了区域文化特征的品牌节目正在大量产生，世界上不同国家和民族的受众群体都能够收看到这些节目，他们在接受这些节目的同时也不知不觉地接受了代表着美国文化的行为准则和价值观念。

第三，随着传媒全球化趋势的到来，美国和英国等西方国家逐渐取消对传媒的管制，以便为跨国公司在全球市场上的投资和销售清除路障，就像北美自由贸易协议（NAFTA）和世界贸易组织的设计构成一样，反垄断法的经济学执法进路和联邦通讯委员会的“解法”运动，都是为联合大企业控制全球传媒系统创造良好的法律和政治管制环境，从而为代表国家利益和声音的传媒集团在全球的扩张奠定基础。因为在这个媒体全球化的时代，美国政府和传媒集团达成了趋同的逻辑：在文化产业这个特定的领域内，传媒集团必须做大，必须向全球扩张，以便永远不被竞争对手打败。

在媒体全球化的背景下，国际传媒领域最重要的是建立一个多元性和真正平等且相互理解的国际文化，以避免亨廷顿所预言的“灾难性的文明冲

---

① 曾华国．媒体的扩张．广州：南方日报出版社，2004. 247

突”。随着传媒集团垄断势力的增强，其商业的扩张超出国界，而这个过程与经济全球化是同步的，文化产业是经济全球化最主要的力量之一。

传媒集团的垄断力量在一定程度上导致了其商业行为的格式化和集中化。在对外扩张的过程中，传媒集团在适应地方文化和改变地方文化两方面是不平衡的，后者的趋势显然大于前者。而传媒集团将文化生产完全等同于商品生产，这不但是传媒集中化极力推行的政策，也成为许多国家政府所遵循的主流意识形态。

经济全球化的结果必然带来信息传播全球化，在很大程度上改变媒体的生存环境。以市场竞争为基础和原则的经济全球化，最终是强者利用已有的资本和垄断力量将自己的势力扩展到全球的过程。跨国传媒集团是“现实主义者”，在激烈的竞争和强大的经济压力下，它们只能以利润和降低成本作为自己最大的追求。

3. 文化帝国主义

在当下跨国传媒集团控制市场的媒介生态环境下，美国大众文化的影响已经引发了国际传播领域的大讨论。一方面，与美国文化改进和冲突相关联的自由形式已经在国际范围内被接受了。传媒软件和电子硬件在全球的传递和销售使得政治领导人更加难以秘密压制不同政见的群体，因为很多政治和政府活动都能够通过音像和卫星在全世界迅速传播。另一方面，美国传媒正在挤压其他民族和国家的文化和经验认同。美国的时尚和饮食风格，以及传媒文化产品支配着全球市场，而且很多评论家已经认同了文化帝国主义（cultural imperialism）的概念。今天，很多国际观察家争论说，消费控制或投资的观点在以美国为代表的被时尚、食品、电影、音乐和电视包围的国家来说，甚至是更加遥不可及的事情，虽然美国的主流媒体也在以一种怀疑主义的方式来报道一些这样的事情，如47万巴西雅芳（Brazilian Avon）“美女顾问”中的很多人在亚马逊森林的支流中旅行，同时向勉强买得起鞋袜的女人兜售美国的化妆品。①

虽然很多传媒依托于本土文化得以流行，诸如巴西的“电视小说”（telenovela）（一种电视肥皂剧）和爱尔兰的大河之舞（Riverdance），但美国在制作和发行传媒产品上的支配地位给试图生产本土文化产品的国家带来严

---

① Richard Campbell，Christopher R. Martin & Bettina Fabos. *Media & Culture：An Introduction to Mass Communication*. BEDFORD/ST. MARTIN'S，2007. p. 473.

重的影响和负担。通常情况下，美国电视制造商可以通过电视节目出口的方式来弥补全国辛迪加生产的成本。这样，美国就能够以边际价格向其他国家出售其节目，同时打击了地方制造公司以自己的语言来制作原创节目的企图。

最为严厉的批评者已经为国际传播论坛的美国文化贴上了文化帝国主义的标签，而文化帝国主义不但阻止本土文化的发展，同时也给青少年带来了消极的影响，他们放弃了自身的信仰转而接受与美国对应的文化及其产品。美国娱乐传媒的扩张有时候被认为是“文化垃圾”，因为它不鼓励发展原始的本土文化产品。但是，美国大众文化的捍卫者认为，由于文化挑战的权威、国家边界和过时的传统等，一个公众可以发言的论坛被创造出来了。换言之，普适的大众文化创造了一个地球村和跨越国界的传播系统。然而，批评者们相信，尽管美国大众文化经常包含针砭社会丑恶现象的抗议，但这种抗议之声往往“能够转变为消费者的产品，并可能失去他们的兴趣。抗议本身也成了可以销售的商品”①。

20 世纪 80 年代，亚洲、非洲和东欧传媒市场开放之后，全球大众文化得到蓬勃发展。同时，一种无证盗窃和复制录音、CD、录像、DVD 和软件的盗版经济形式在全世界开展起来。虽然很多政府制定了严格的罚款和刑事审判条文来阻止盗版活动，但还是不愿采取措施来制止国内的违法者，因为盗版提供了国内的就业渠道和岗位。

截止到 2002 年，大约三分之二的世界人口不能担负起美国、日本和欧洲电视广告所诉求的大多数产品。但越来越多的世界人口却能够通过卫星技术和杂志发行来观赏琳琅满目的产品，并对中产阶级的价值观进行窥视。早在 20 世纪 50 年代早期，传媒经理人就担心“预期的革命动乱”②，原因在于广告及其推销的产品将提升贫困人口对生活的希望的标准，而他们的实际生活状况并没有得到同步的改善。而且，人们对消费文化的怀疑，甚至使得我们对不完全依靠传媒和品牌产品的生活方式更难想象。③

① Barnet & Cavanagh. *Global Dreams*. New York：Simon & Schuster（Touchstone），1994. p. 38.

② Richard J. Barnet & Ronald E. Muller. *Global Reach*：*The Power of Mutinational Corporations*. New York：Simon & Schuster，1974. p. 175.

③ Richard Campbell，Christopher R. Martin & Bettina Fabos. *Media & Culture*：*An Introduction to Mass Communication*. BEDFORD/ST. MARTIN'S，2007. p. 474.

第七章

传媒集团海外扩张对中国的影响

一、近代外报及其对中国报业的影响

中国古代和近代的邸报、京报没有演绎成为现代意义上的报纸，中国报纸起源于近代西方报刊。在19世纪后半叶，外报客观上起到了培育中国新报刊的作用。

乾隆皇帝退位（1735—1795年）后，清朝开始衰退。西方势力的冲击加剧了朝廷危机，整个中国陷入混乱之中。在19世纪，西方势力对中国的入侵由于苏伊士运河上蒸汽机海运的通航而加剧，大机器时代所有用来征服主权国家领土的新发明都冲击着中国，使中国成为“夜郎自大”的牺牲品。

西方商人、传教士和舰队所明证的西方哲学，搅乱了中国人的思想。令大多数中国人耿耿于怀的是，中国这个泱泱大国在西方年轻的小国面前怎么会如此不堪一击？中西开战初期，西方的坚船利炮轻而易举地取得的胜利通常还不为中国人所信服。但是，随着战争的深入，到了19世纪中后期，战事击垮了中国人不可战胜的“神话”，迫使中国人“睁眼看世界”并进行必要的改革。[1]

中国既不需要也不欢迎来自欧洲和美国的商人和传教士，但是，商人和布道者在各国政府的武力支持下纷纷来到中国，迅速涌进中国沿海地区并深

---

① Roswell S. Britton. *The Chinese Periodical Press*（1800 - 1912）. Taipei：Ch'eng - Wen Publishing Company，1966. p. 1.

入腹地。在中国沿海地区的外国人社区中出现了各种外语报刊和汉语报刊，有传教士创办的，后来也有一些外国政府出版的。

西方新闻业是高度技术化、商业化和赢利性的，而且崇尚基于培根哲学的新闻自由理念。在整个 18 世纪和 19 世纪初，像鸦片贸易这样的活动被中国政府禁止，西方传教士必须应对来自中国政府此方面的抵制，转向以创办报纸作为接触中国人的主要途径。中国人感兴趣的是运用于西方武装力量的自然科学，对于外报则产生抵触情绪。所以，西方传教士和出版商采用各种接近中国读者的策略创办中英文报刊，以便传播西方文化。

1. **本土化策略：接近儒家思想**

西方传教士在创办第一批中国近代报刊时就采用所谓的本土化策略，即在报刊中融入儒家思想，旨在取悦和接近中国读者。

1815 年 8 月 5 日，英国传教士罗伯特·马礼逊（Robert Morrison）和威廉·米怜（William Milne）选择当时尚未被新加坡庇护的港口城市马六甲（Malacca），创办了第一份近代出版物《察世俗每月统记传》月刊，米怜将其描述为“调查社会观点和事务的月刊”。[①] 作为此刊的编辑，米怜使用“博爱者”（One Who Loves Many）的名字。“博爱者”定期出现在 1815 年 12 月期刊中一位中国人邀请报纸回应或者给他写信的信函上，署名“愚弟米怜”（Your humble brother Milne），而杂志所刊登的内容是不署名的。基于接近中国读者和雅趣的考虑，米怜在封面上印制了代表儒家思想的经典句子“子曰多闻择其善者而从之”[②]。当然，这里或许是一个差错，引文似乎摘自孔子《论语》的两个段落：“多闻阙疑，慎言其馀则寡尤；多见阙殆，慎行其馀则寡悔”；“三人行必有我师焉；择其善者而从之，其不善者而改之”。[③]

《察世俗每月统记传》大部分是关于福音传道的文章，很少刊登新闻。有关福音传道的“张远两友相论”系列文章讲述了叫“张”和“远”的两个朋友之间的对话，成为中国天主教徒传播的经典文章。米怜在写完这组文章之前就去世了，后来由艾约瑟（Joseph Edkins）添加了后续的两个章节。在半个世纪内，不少于 13 篇的口头或者其他文本均来源于这组文章，在这些文章出版后的一个多世纪里，这两个朋友的故事仍然被广为流传。

---

① William Milne. *A Retrospect of the First Ten Years of the Protestant Mission to China*. Malacca 1820. p. 138.

②③ Roswell S. Britton. *The Chinese Periodical Press* (1800 – 1912). Taipei：Ch'eng – Wen Publishing Company，1966. p. 18.

在有些期刊中，米怜采用中国式的表达方法来表示对中国封建朝廷及其文化的“崇敬”。他使用《京报》普遍采用的编辑手段，即用一个独立的版面来提高“神”的地位。后来，他还增加儿童版，刊登一些由中国教会学校的学生创作的诗歌。

1823 年至 1826 年，英国传教士沃尔特·亨利·麦都思（Walter Henry Medhurst）在巴达维亚创办《特选撮要每月纪传》月刊，他使用“尚德者”（One Who Adores Virtue）的笔名。为了接近儒家文化，他在创刊号封面上印有“子曰：亦各言其志也已矣”①。

在 1833 年，来自德国波米兰尼亚州（Prussian Pomerania）的传教士郭士立（Karl Freidrich August Gutzlaff，又译郭实腊）在广州创办《东西洋考每月统记传》月刊。他采用五个字作为报刊名称，前面加上“东西洋考”几个字，旨在探索东西方国家的文化。而这个名称很可能是从 1618 年出版的有关中国明朝与 38 个国家贸易关系的著作中借来的。郭士立采用“爱汉者”（One Who Loves the Chinese）的笔名，即“爱中国人的人”，并把“子曰：人无远虑，必有近忧”刊登在创刊号封面上。②

2. **创新传播理念**

米怜是第一位以开拓和自由的国际化视野创办中文报刊的西方传教士。他善于规划未来，以极大的热情来实施其办报计划；他非常善于观察，从了解中国人的性格和习惯来寻找更多的契机。他了解中国人对西方的偏见，而且明白如何来应对这些偏见。③ 在 1819 年，米怜对已经发行四年的《察世俗每月统记传》办刊旨趣作出了论述④。他的办刊自述基本反映了当时外报的编辑和传播理念。

“第一期本报文字印刷，胥不免于简陋之讥。唯积学之士，当能心知其意，而曲为之谅。记者深愿此后假以时日，俾得于中国文字研究益深，而逐渐加以改善。至本报宗旨，首在灌输知识，阐扬宗教，砥砺道德，而国家大事之足以唤醒吾人之迷惘，激发吾人之志气者，亦兼收而并蓄焉。本报虽以阐发基督教义为唯一急务，然其他各端，亦未敢视为缓图而掉以轻心。知识科学之与宗教，本相辅而行，足以促进人类之道德，又安可忽视之哉。中国

---

①② Roswell S. Britton. *The Chinese Periodical Press*（1800－1912）. Taipei：Ch'eng－Wen Publishing Company，1966. pp. 21－22、24.

③ 中国丛报（*The Chinese Repository*）. 1834，2：234～236

④ 戈公振. 中国报学史. 上海：上海古籍出版社，2003. 76～78

人民之智力，受政治之束缚，而呻吟憔悴无以自拔者，相延迄今，二千余载，一旦欲唤起其潜伏之本能，而使之发扬蹈厉，夫岂易事？惟有抉择适当之方法，奋其全力，竭其热忱，始终不懈，庶几能挽回于万一耳。作始虽简，将毕必巨，若干人创之于前，若夫发挥光大，则后之学者，责无旁贷矣。是故不揣谫陋，而率尔为之，非冒昧也，不过树之风声，为后人之先驱云尔。

本报篇幅有限，种种资料，自不能网罗无遗；然非割弃或停止也，将循序而为之耳。前此所载论说，多属宗教道德问题，天文轶事传记政治各端，采择甚寡。此限于地位，致较预计为少，非本意也。

欲使本报随时改良，以引起读者之兴味，非竭教士一任半月之时间以从事于斯不为功，且须征求外来稿件，以补其不足。记者甚愿致力于是。他日国人之习华文者日多，当有佳作以光本报之篇幅，而年来最不易得者，即此项资料是也。本报发展，尚在萌芽时代，更无酬报可言。年来月印五百册，借友人通信游历船舶之便利，以销售于南洋群岛、暹罗（今泰国）、交趾支那（Cochin - China）各地华侨荟萃之区，而内地亦时有输入焉。近者改印一千册，需要大增，销路渐畅，三四年后，或能增至二千册以上，未可知也。”

郭士立创办的《东西洋考每月统记传》则以一种温和的风格来展现欧洲文化和学问的优越性。正如他在创刊词中所言：“当文明在全球几乎所有其他地区消除愚昧和偏见而迅速发展时，甚至固执的印度人（Hindoos）也创办了几种自己语言的刊物，唯有中国人无动于衷，就像过去一样闭关自守。尽管我们与他们进行了长期的接触、贸易和交流，他们仍然坚持认为自己是地球上所有国家中的第一帝国，而将其他所有国家视为‘蛮夷’（Barbarians）。这种夜郎自大的自满情绪严重影响了广州的外国居民的利益，以及他们与中国人的贸易往来……本期刊登了有关与中国这个庞大而封闭国家交往冲突的观点，使得中国人了解我们的艺术、科学和原则。期刊将不涉及政治，也无意用刺激性语言和话题激怒他们。我们有更好的办法来显示，我们并非‘蛮夷’。编辑选择用事实说话的方法来说服中国人，他们仍然有很多东西要学习。同时，编辑也维护外国人对于本国政界的立场和利益，尽量与他们和睦相处，以期取得最终的成功。”①

3. 整合传播策略

近代西方传教士在中国沿海和内地创办外报时，为了接近读者和提高报

① Roswell S. Britton. *The Chinese Periodical Press* (1800 - 1912). Taipei: Ch'eng - Wen Publishing Company, 1966. p. 23.

纸的发行量，他们采用现代意义的整合传播策略。首先，传教士在中国所在地组建宗教传播机构，同时借助贸易组织或者政府机构，创办报馆和报刊，即进行传播机构的整合；其次，他们培养了一大批精通汉语和中国文化的汉学家，并发展本土的报刊编辑人才，实施所谓的人事整合。西方早期报刊落地中国，在传播科学知识和社会知识的同时，还通过这些外报有意地传播西方文化和价值观，为本国政府和商人的军事侵略、政治传播和经济贸易创造有利的条件。

19 世纪初，外国传教士在广州秘密地印刷报刊，这种冒险的行为，其付出的代价是昂贵的。来自伦敦传道会（London Missionary Society）［属于基督新教教派公理宗（Congregationalists）］的传教士罗伯特·马礼逊和威廉·米怜决定在中国政府司法管辖之外且当时尚未被新加坡庇护的港口城市马六甲（Malacca）建立一所印刷厂，把出版物运到中国来销售。米怜在 1815 年到达马六甲，从广州带来中文印刷机和印刷设备。他们将中英学院作为交流和传播欧洲文学和汉语的场所。

在创办《察世俗每月统记传》的过程中，米怜除了雇佣学校的学生之外，还聘请了中国作者梁亚发（梁发）。梁亚发是第一个被任命的中国牧师。1846 年，他和英国传教士沃尔特·亨利·麦都思（Walter Henry Medhurst）、美国传教士裨治文（Bridgman）等汉学家一起工作。作为一个仅接受过三四年教育的贫穷村民，梁亚发在广州学习毛笔制作贸易和木版雕刻，后来他跟随米怜从广州来到马六甲，从事印刷商的职业。梁亚发隐姓埋名，自己创作中文作品，他曾经以“学业”（Student of Excellence）和“居士”（Retired Scholar）等笔名发表文章。他编辑的《劝世良言》，经过马礼逊修改后，成为宣扬基督教的重要文章，并引起太平天国领袖洪秀全的关注。

传教士和汉学家罗伯特·马礼逊（Robert Morrison）在实施恒河外方传教计划（Ultra-Ganges Mission）的过程中，非常支持《察世俗每月统记传》杂志，给予了很多资助。在 1823 年 3 月，马礼逊于马六甲尝试出版一份周刊，他只出版一期，在单张报刊上印着“中文活字印刷报纸”的字样。十年后，马礼逊又在马六甲尝试创办另一份周刊《杂文编》（*Tsan-wen Pien*），也可能是威廉姆斯（Williams）称之为的同一份刊物《远望》（*The Telescope*）。另外还有三种杂录刊物，每种四页，印刷总计 20 000 份。当澳门葡萄牙总督花利亚（Bernardo Aleixo de Lemos）经过东印度公司（E. I. Company）的同意，禁止马礼逊的马家英式印刷所（Albion Press）印刷和发行报刊时，这些报刊已经停刊。

沃尔特·亨利·麦都思于1817年来到马六甲，其任务是监督和管理传教报刊并为米怜的杂志撰写关于地理方面的系列文章。在自己创办的刊物中，麦都思很少刊登新闻，他倾向于刊登教育类文章。他揭露并抨击中国的盲目崇拜和迷信，虽然他自己也发表从菲利普·道得理治（Philip Doddridge）的《信仰在心灵中的跃升与进展》（*Rise and Progress of Religious in the Soul*）中翻译过来的宗教论述。在采写风格上，麦都思倾向于更加自由的风格，经常使用近乎对话的写作风格，预先采用后来传教士所大量采用的旨在接近职员、机械工人、店员和其他识字不多的人群的口语风格。这样，麦都思的杂志发行量大增，后来的印刷总数达到8 300份。[①]

郭士立最早在爪哇的荷兰协会（Netherlands Society）服务，后来到了暹罗。为了学说中文，他曾经到一个福建移民家里生活，成为地道的“中国通”。当时在中国，对于外国传教士是没有任何传道机会的。但是，很可能是由于郭士立与中国人过分亲密的关系，他竟然能够不受干扰地印刷和发行自己的杂志。

在1834年，郭士立和马地臣（James Matheson）在广州发起并成立了旨在中国传播实用知识的协会。该协会计划翻译和出版涵盖所有西方科学知识的系列著作，少数有争议的政治和宗教内容除外。郭士立马上将其停刊的杂志转交给这个协会，并定下合同，协会分两批复印12期杂志共1 000本。协会在广州遭遇到同样的困难之后，复印工作最后在新加坡完成。复印的杂志就在英属海峡殖民地（Straits Settlements）和多岛海（Archipelago）等地发行。1837—1838年，杂志再次出版并在新加坡印刷。郭士立和马礼逊一起在广州联合编辑杂志，直到麦都思在新加坡将其接管。

当时，尽管没有中国人为杂志供稿，但外国传教士创办的报刊却表明愿意刊登中国人撰写的文章，例如《伦敦十咏》（*An Ode on London*）的文章是关于一位来自南非的中国旅行者的信，和一位来自欧洲的中国女孩写给姑妈的信，信中描述了英国妇女的情况。郭士立的杂志中没有福音传道的文章，比米怜和麦都思的杂志刊登更多的新闻，并引进市场化读物。其杂志的插图丰富，而且效果好，包括大幅彩色地图。所有的杂志都不刊登广告，只有出

---

① Roswell S. Britton. *The Chinese Periodical Press*（1800 - 1912）. Taipei：Ch'eng - Wen Publishing Company，1966. p. 23.

版商的通知。这三份杂志都用木板印刷，尽管麦都思采用石版印刷了很多中文书和小册子。

《中国丛报》（*The Chinese Repository*）于1832年由美国传教士裨治文（Elijah Coleman Bridgman）在广州创刊。郭士立极力促成这份报纸的出版，并答应报纸一旦出版，他就把从暹罗到天津自己杂志的邮递路线提供给报纸发行使用。1847—1848年，当E. C. 裨治文和威廉姆斯不在广州的期间，詹姆斯·裨治文（James Granger Bridgman）编辑该报刊已达几个月。《中国丛报》的目标旨在为“中国及其邻国提供最真实和有价值的信息”，编辑们试图揭开中国封建帝国的神秘面纱，他们的努力和尝试从客观上来说是一项不朽的事业。《中国丛报》得到了良好的回报。前三期报纸全部加印。有几年，报纸的发行量一度达到1 000份。在伦敦，1837年8月5日的《便士杂志》（*The Penny Magazine*）如此评论：“该报刊即使在伦敦也是最好的。”然而，在第一次中英战争之后，《中国丛报》衰落了。在最后7年的出版中，其财政赤字由其他印刷房的收入来弥补。在1851年即最后一年，仅有300个订阅者，每人的订阅费为3美元。而《中国丛报》的衰退或许象征着西方对中国的入侵。威廉姆斯本人在终刊中提到了日益发展的中国沿海地区的英文报纸，并得出结论：中国需要比《中国丛报》“更为重要的东西”。[①]

可见，在19世纪上半叶廉价报纸的孕育和发端时期，美国等西方报刊就已在实施所谓的全球化、本土化和整合传播等创新理念，积极在全球寻求市场。从某种意义上来讲，这是由美国报刊的商业属性和传媒规模经济和范围经济特征所决定的。“印刷机就是印钞机”，报刊的高度商业化运作必然使自身走向集中化发展，而随着报刊乃至整个新闻业赢利模式的逐步形成，美国的报业集团就会诉求于国际市场，配合政府和利益集团在全球范围“拓殖”。

二、跨国传媒集团对华扩张战略

20世纪80年代以来，在经济全球化和各国政府规制放松的时代大背景下，美国传媒集团实施传媒经济全球化战略，积极在全球渗透、扩张。中国正在发展市场经济，有着巨大的市场潜力，自然成为美国传媒集团投资的对象。当全世界的政府都在拥抱私有化和“自由”市场经济之时，这些联合大

---

① Roswell S. Britton. *The Chinese Periodical Press* (1800 - 1912). Taipei: Ch'eng - Wen Publishing Company, 1966. pp. 26 - 29.

企业在地理上的延伸和战略上的联盟得到了迅速的扩展。政府允许大的传媒公司涉足以前对外关闭和严格限制的市场。中国市场的开放，就是这种趋势的最实际的例子。①

当今，无论世界上哪个国家或地区要保持经济的持续和稳定增长，都必须采取开放性经济政策，中国加入世界贸易组织（WTO）是中国主动参与全球贸易和经济竞争的新起点。而加入 WTO，就意味着我们的传媒市场要与国际接轨，按国际惯例办事，也就意味着中国传媒市场要对外开放，国外的资本、产品或服务可以进入中国市场，与国内的传媒集团平等地参与市场竞争。鉴于传媒行业是涉及公共领域和上层建筑的特殊行业，我国在加入 WTO 时没有就广播电视市场的开放准入作出任何承诺，所以在 2005 年以前，我国可以采取与最惠国待遇不符的暂时性措施。但是，在经济全球化的大背景下，国际传媒集团是不会放弃有着巨大发展潜力的中国传媒市场的。

20 世纪 90 年代中期以来，美国在线时代华纳、迪士尼、维亚康姆、新闻集团以及索尼、贝塔斯曼等国际传媒集团纷纷登陆中国，以各种“迂回”的方式，从期刊、书籍、影视节目的创作、生产和发行的各个环节进入中国传媒市场。截止到 2003 年底，美国在线时代华纳、维亚康姆、新闻集团三家美国传媒集团已经在中国正式设立办事处，它们实施“边走边放”的中国投资计划。②

几大传媒集团进入中国市场，主要采取以下四种措施：①收购、控股或参股；②合资、与合作伙伴成立公司或进行节目交换的合作；③直接进入的方式；④媒体品牌战略。

1. 收购、控股或参股式

由于中国政府的保护性政策，外资媒体不能大规模地直接进入中国市场，所以国际传媒集团实施以港澳为基地、逐步向大陆渗透的策略，新闻集团以参股的方式在中国传媒市场开拓“版图”。1993 年，新闻集团买下香港卫视台 STAR TV，并于 1996 年 3 月 31 日将 STAR TV 的卫视中文台改名为“凤凰卫视”启播（当时新闻集团控股 45%）。现在的凤凰卫视已经发展成为拥有中文台、资讯台、美洲台、欧洲台、电影台等多个频道的综合性的卫星电视集团。2001 年 2 月 17 日，新闻集团又通过海外募股的方式成为中国网通的

① 张国良. 20 世纪传播学经典文本. 上海：复旦大学出版社，2003. 592

② 曾华国. 媒体的扩张. 广州：南方日报出版社，2004. 5

一个股东。通过收购、控股或参股的市场进入方式，新闻集团的全资子公司STAR TV和控股的【V】音乐台（87.5%）、ESPN（50%）、国家地理频道（66.7%）以及持股的凤凰卫视（38.25%）以中国香港为基地，与中国大陆30多个省市有线电视台合作编辑音乐、体育和人文地理节目。①

2001年初，美国在线时代华纳收购香港华娱电视台，2002年1月起获准在广东省落地，作为交换条件，时代华纳将在纽约、洛杉矶和休斯敦等地传输中央九套一个英语频道的信号。《纽约时报》对这次交易评价说，美国在线时代华纳成为中国电视观众可以直接接触到的第一家外国媒体。

2. 合资、与合作伙伴成立公司或节目进行交换的合作

早在1980年，美国出版商国际数据集团（IDG）就已获得中国政府批准，在中国建立了第一家合资的出版公司，出版《计算机世界》；2000年，IDG集团与赫斯特公司合作在中国出版两类消费类杂志；2001年3月初，IDG集团又出版了《工业标准》杂志的中文版，取名为《数字财富》；2001年5月、6月，IDG集团分别与美国黄金媒体公司联合创办有关婚庆事务方面的杂志，与赫斯特公司合作推出《好管家》杂志的中文版。

1995年，新闻集团与《人民日报》合资成立北京笔电新人信息技术有限公司，专门从事信息技术咨询服务，合作期限为20年。两者合作投资当时的IT门户网站chinabyte.com和cseek.com。2001年12月19日，新闻集团的全资子公司STAR集团与中国中央电视台、中国国际电视总公司、广东有线电视网络公司签署相关协议，STAR集团的一个全新的综艺频道获准在广东地区落地。新闻集团与迪士尼共同控股的ESPN向中国国内的电视台提供节目，并转播中国足球甲A联赛。

2001年6月11日，美国在线时代华纳宣布与联想FM365成立合资公司，联想集团和美国在线时代华纳各占合资公司51%、49%的股权，各自分阶段投资约1亿美元，总投资额约2亿美元。以版权合作的形式发行《商业周刊》中文版、《财富》中文版和《时代文摘》。2001年10月22日，美国在线时代华纳与中央电视台签订协议，允许其节目有条件地进入中国电视市场，成为首个获准在中国播放电视节目的外国电视广播公司。美国在线时代华纳的24小时中国普通话频道（CETV、娱乐、卡通、游戏、电影和体育等综合节目，不包括新闻节目）将在中央电视台（CCTV）和广东省的商业网络中

---

① 参见www.newscrop.com.发布的相关信息。

播出，交换条件是在美国的有线电视系统中转播中国中央电视台的英语频道。双方协议于2002年1月开始播放节目。

3. 直接进入的方式

1994年，新闻集团投资1 200万美元，在天津建立金大陆合资公司，从事影视后期制作、技术服务业务。新闻集团于2001年成立了第一家独资分公司NDS科技（北京）股份有限公司，推行技术的本土化。

1995年，维亚康姆开播MTV中文频道，是专门为华语观众制作的音乐电视频道，覆盖了中国内地、中国香港、中国台湾、新加坡和韩国等国家和地区。MTV音乐电视台与有线电视台合作制作了四档节目：《MTV天籁村》、《MTV学英语》、《MTV光荣榜》和《MTV丽丽点唱机》。2001年5月，维亚康姆与唐龙公司合作播出尼克儿童教育频道节目"尼克珑顿"（全美所有电视节目中收视率最高的专业频道，拥有全球儿童节目市场的50%以上）。2001年3月，维亚康姆与中国区合作伙伴——唐龙国际传媒制定了"尼克珑顿"在中国的用户规划。唐龙公司为"尼克珑顿"在中国内地的播出牵线搭桥，8千万中国有线家庭可以通过唐龙的网络收到这个特别的中文版块的节目。

1999年11月2日，迪士尼宣布与香港特区政府合作建设香港迪士尼乐园，预计在2005年或2006年开放。

4. 媒体品牌战略

美国的跨国传媒集团能够实现集中化发展，在全球范围内扩张，不仅由于其是建立在规模经济的基础上，而且其良好的品牌优势也发挥着重要的作用。媒体的品牌包括标志媒体的图案或符号、节目或内容的特质、受众对于品牌的认可或评判等要素，这些都是传媒竞争力的重要指标。美国传媒集团往往利用媒体品牌进行扩张，把品牌的知名度转化为有效的利润。迪士尼的"米老鼠"和新闻集团的"尼克珑顿"在中国的推广就是典型的传媒品牌经营。

1995年，迪士尼在中国推出儿童节目《小神龙俱乐部》，覆盖中国48家电视台，拥有近1.6亿观众。2001年3月5日，美国迪士尼互联网集团与海虹控股（深交所0503）签订了正式合作协议。两者的合作也属于典型的品牌合作方式，海虹控股出钱投资，迪士尼互联网集团拿出品牌和技术。根据协议，迪士尼中文网站将涵盖迪士尼英文网站的全部精华，包括娱乐、游戏、游乐、家庭和度假等频道。而海虹将独家经营迪士尼中文网站和迪士尼网上收费频道 BLAST，并对所有的内容进行汉化。

20 世纪 90 年代，伴随着美国企业的第 5 次并购浪潮，联合大企业形式的传媒集团成为传媒经济发展的趋势。这种国际性的传媒集团在全球“拓殖”，推销它们的产品。面对这种趋势，中国进行了传媒集团化和产业化的尝试，从最早的广州日报报业集团到跨媒体、跨地区的中国广播电影电视集团，从国有媒体的改革到民营资本的渗透，从传媒行业的行政垄断到产业化的运营，中国政府和传媒行业顺应传媒经济全球化的趋势，主动地参与到国际市场的竞争中。

三、中美传媒集中（团）化比较

加入 WTO 从整体语境上改写了中国传媒业的生存和发展环境，为适应信息社会对于新闻传播产业的发展要求，应对国外大型传媒集团的挑战，中国也开始了以行政手段撮合为主的传媒集团化改革尝试。究其实质，乃是政府主导下的传媒产业集中化行为。那么，中国这种产业集中与美国当下进行的产业集中有何本质区别？西方传媒集团的“示范效应”到底可不可取？

从本质上说，美国当下的传媒产业集中浪潮是政府放松规制，经市场竞争与淘汰自然形成的结果；中国当下的传媒集团化则是政府以一种新的形式治理舆论环境，加强控制的结果，而非产业逻辑自然发展的结果。

从产业环境、产业发展阶段和微观运营层面上说，中国传媒业与西方传媒业之间存在许多根本性的差别，西方传媒集中的“示范效应”有很多是不足为鉴的。

这些根本性差别包括以下六个方面：

（1）传媒业发展的社会、政治、法律大环境不同：从产业本质上讲，跨越产业的巨型传媒集团是传媒业发展的大方向，但是作为一个渐进的过程，它是建立在技术、经济、法律、政治等逻辑基础上的社会产物，只有在多元条件都具备的情况下，才有可能提上日程。中国在这方面尚且任重而道远。

（2）传媒的产业发展阶段不同：西方国家具有完善的市场机制，传媒产业在许多稳定的“市场环境常量”下已有了较为成熟的发展；中国尚处在由计划向市场经济转轨的过程中，很多生产要素尚未实现自由流动，且配套都不够灵活完善，自由竞争阶段尚未完全实现，市场也还不具备淘汰劣势传媒企业，实现产业集中的能力。

（3）传媒产业的进入退出机制：由市场决定还是由政府决定；中国传媒

业一直缺乏推出机制，导致刊号成为稀缺的壳资源，一方面成为“寻租”的工具，另一方面如果办不好也可以“改头换面”，不能形成具有压力性的产业结构，而根据“结构—行为—绩效”产业组织理论，这恰恰是提升产业效率、促进资源有效配置的基本前提。

（4）支撑传媒集团化扩张与收缩的灵活投资融资体制：中国的普遍投资融资体制本身尚有待完善，传媒领域对此更加“谈虎色变”，即使有一些变通性的操作做法，因缺乏相应法律保障与规范而总是助长投机行为的产生，反而成为扰乱市场环境的“害群之马”。

（5）集团化的基本思路不同：西方传媒企业的集团化是围绕核心竞争力，发掘新的战略增长点，再依据战略增长点调整业务方向，寻求与该业务方向相契合的传媒企业予以并购，通过资本纽带实现利益共享。中国则是在缺乏明确发展战略的前提下，先由行政之手捏合；在组织架构的设置上不是依据“组织服从战略”的基本产业要求，而是根据利益平衡原则；在发展上不是“战略导向”而是“既有资源导向”，或者更甚一步——“利益平衡导向”，这与现代经济发展趋势是完全背道而驰的。

（6）集团公司内部治理结构与决策机制不同：西方国家在集团层次具备了交叉持股等资本纽带措施，具备了股东大会所有权、董事会法人产权、总经理经营决策权相分离又互相制衡的完善治理结构；而中国存在的传媒产权问题一直是一个阻碍其进一步发展以及阻碍合理治理结构的核心问题。

总之，行政垄断下的产权不明晰，由于人为造就的市场垄断导致缺乏效率的市场机制，以及资源配置与产业结构的不合理，都是困扰当下中国传媒业集中的深层矛盾问题，有赖于政府在新一轮的传媒规则调整中，既立足本国国情，又广泛参照国外产业的发展趋势，并及时作出相应的调整举措，进而摸索出一条具有中国特色的传媒管理与改革之路。

四、中国传媒集中化方向

在经济全球化和各国政府管制放松的大背景下，美国传媒集团实施传媒经济全球化的战略，积极在全球渗透和扩张，市场潜力巨大的中国自然对其具有强烈的吸引力。几大传媒集团纷纷采用收购、控股、参股或者合资、合伙成立公司或交换节目以及品牌特许乃至直接进入的方式对中国市场进行渗透，使国内传媒业的发展面临严峻挑战。

为适应信息时代和全球化时代的经济发展趋势，应对 WTO 及外国传媒集团的冲击，中国传媒业正在进行相应的策略调整，一是采取先试点后推广的渐进式方式从影视、书报刊分销等终端领域对外开放传媒市场；二是在传媒经济发达的地区试点组建若干大型传媒集团，实施产业集中化发展战略，以整合传媒资源、提高管理水平、增强中国传媒集团在国际上的竞争力，同时提升舆论宣传的导向作用。

中国处于从计划经济到市场经济的转型期，传媒在履行政府舆论职能的同时，逐渐打破政府的垄断性经营，实行企业化的运作，以资产为纽带，用规范的市场化操作来赢利。尤其是在加入 WTO 的过程当中，随着以美国传媒集团为代表的西方传媒联合大企业的对外扩张，中国传媒业从影视、出版、电信、广告等服务贸易领域感受到市场环境的变化和挑战，政府和传媒主管部门审时度势，采取先试点后推进的渐进式对外开放传媒市场，并制定了系列的应对策略。

总体上来看，改革开放 30 多年来，中国传媒行业得到了长足的发展，而组建传媒集团是集中化发展的最大成就。中国的传媒集团走集中化发展的道路，一方面表明了传媒产业正在步入市场经济的轨道，同时也说明政府从直接经营传媒到规制传媒的改变。中国政府在传媒领域的改革目标就是，做大做强传媒行业，使中国的传媒集团“走出去”，加入世界范围的传媒竞争。

根据党和国家有关规制政策，中国传媒集中化发展采取先试点、后推广的渐进式方法。在传媒经济发达的地区试点组建若干大型报业集团、出版集团、发行集团、广播电视集团和电影集团，然后向全国辐射和推广，甚至在有条件的地区组建跨媒体、跨地区的大型新闻集团（如 2001 年 12 月 6 日挂牌的中国广播电影电视集团、2002 年 1 月 1 日成立的上海文广集团）。早期的《广州日报》报业集团、《南方日报》报业集团、《羊城晚报》报业集团均属于试点的几家传媒集团，随后，湖南、上海、北京等地的电视和影视传媒集团纷纷挂牌成立。迄今为止，中国已经成立各类传媒集团 47 个，其中报业集团 26 个，广电集团 8 个，出版集团 6 个，发行集团 4 个，电影集团 3 个。①

中国传媒集团集中化发展是要“造大船”，整合传媒资源、提高管理水平，增强传媒集团在国际市场上的竞争力，同时提升舆论宣传的导向作用。但是，中国的传媒集团集中化发展过程中存在许多问题。突出的表现是，很

① 数据来自中华传媒网公布的相关信息。

多传媒集团的“集团化”是行政意识的结果，并不是基于市场机制下有效整合的集中化，“集团化”后的媒体只是表面上形式和名称的改变；按照行政关系为架构组建起来的传媒集团，某种程度上是行政干预市场的产物，富有竞争的市场机制根本没有被引进到传媒市场中来，传媒集团并不是具有竞争力的经济实体，对传媒市场的控制很大程度上是行政垄断导致的结果。具体表现为：

（1）行政垄断下的产权关系不明晰。

中国传媒集团亟待解决的问题是理清产权关系，即所有权、支配权和经营权的分离。这是一个老话题，但它是困扰传媒行业真正按照市场规律运行、进行合理资源配置和政府有效规制的基础和出发点。生存权决定了控制权。中国的传媒企业由各级政府主办，政府既是出资者又是经营者，同时还是消费者。各类传媒企业大多由政府部门统管，财政统包供给，甚至在传媒业改革以前，传媒企业的任务、目标、人员编制、岗位设置、人事任免、经费开支都由上级主管部门和国家统一管理，企业内部的财务制度、人事制度和社会保障福利都是按国家行政部门的规范运行。政府代表国家和公众是传媒企业的所有者，传媒企业的管理者和经营者在政府的监管之下，代表党和政府、公众行使话语权，而政府、传媒的经营者和公众都是消费者，他们都有权利分割源于国家财政的传媒企业的经营利润。

在长期计划经济体制下，中国传媒基本上是作为政府职能的延伸。发展到今天，中国媒体的管理还是不可避免地烙上了行政管理的痕迹。所以，中国传媒组织的改革重点还是要理顺这种政企不分、政资不分的关系，但各种利益之间如何平衡，一旦理顺关系后，政府对传媒组织如何控制也是一个棘手的问题。中国传媒业尚未真正实施产权改革，对于行政规制压倒一切的垄断性行业，政企分开是难以奏效的。

可以肯定的是，中国国有企业改革的经验为传媒行业“政企分开”提供了可资借鉴的理论前提和实践逻辑，由“产权改革促进产业化，以资产重组推进集团化”的发展思路，引入市场机制、与市场经济接轨，走出行政垄断和行业封闭的经营模式，正是目前中国传媒集团改革的目标。

（2）缺乏效率的市场机制。

竞争和垄断是市场经济的特点。传媒企业行政垄断势必造成传媒市场的混乱。市场经济体制下的传媒市场本应该是充满竞争的，通过市场机制对传媒资源进行有效地配置，同时，政府以有效、科学的规制政策对传媒企业进行监督和管理，由市场这只“无形的手”和政府规制这只“有形的手”来共同维系传媒市场有效、科学的运行。传媒行业是涉及公众利益、需要政府规制的特殊行业，传媒产业所赖以生产的手段（电视频道、发行渠道等）、产品（文化产品）是与公共福利和国家利益密切相关的，政府制定法律、法规和政策进行规范和管理是合意的。但是，政府的规制应该是建立在传媒企业自由竞争、自由进出市场、富有效率的市场基础之上的。政府对于传媒市场的行政垄断，以及政企不分的产权关系、经营模式，必然造成缺乏竞争的传媒市场机制。传媒企业就不能按照通过优胜劣汰，实施有效的兼并和收购，合理配置传媒资源，实现自身的集中化发展的市场规律运行。

中国长期垄断性经营体制造成传媒资源配置和传媒产业结构的不合理，而真正公平的竞争环境与效率优先的竞争机制尚未形成。虽然，自 20 世纪 90 年代以来，中国媒体之间的竞争十分激烈，报业大战、挂牌成立传媒集团、传媒融资渠道的拓宽等现象表明传媒集中化发展的态势，但建立在自由竞争基础上富有效率的市场机制尚未形成，传媒集中化的发展更大程度上是政府行政干预的结果。

（3）资源配置和产业结构的不合理。

目前，中国传媒行业仍然处于行政垄断下的条块分割，大而全、小而全的企业格局之下，“四级办电视”就是典型的代表。毫无疑问，行政区域限制下的条块分割导致有限资源的分散与浪费，使传媒企业既不能实现集中化的规模效应，又不能扩大发行渠道，从而有悖于传媒企业的市场化经营。中国的广播电视台的经营范围就受到了严格的行政区域范围的限制。几年来，中国的电视事业发展迅速，所有的省级电视台都已经“上星”，但从全国范围看，卫视在各地的落地问题还有待解决。由于政策、财力、人力等方面的限制，非卫视的地方电视台、广播电台的传播区域基本以行政区域分界。报纸、杂志等印刷媒体的刊号一般都是全国性的，可以在全国范围内发行，但由于各种因素的制约，大部分报纸的发行具有明显的地域性，报纸的地方特色也很明显。结果是“在某些局部地区、局部市场上，同质等效的传播产品的大量重复造成了传媒市场‘饱和’的假象”①。

中国的广播、电视、杂志等传媒业仍然是分开管理的，各传媒产业的管理分别隶属于广电总局、信息产业部、文化部、新闻出版署等不同的政府部

① 喻国明．对我国媒体产业投资状况的基本分析．中国出版，2001（12）

门，人为地造成了传媒行业媒体之间的条块分割，跨媒体经营难度极大。报纸、杂志等印刷媒体和广播电视等电子媒体在经营上各自为政。传媒行业的条块分割阻碍传媒产业的横向或纵向兼并，影响了传媒集团的集中化发展，进而削弱了市场竞争力。

传媒产业的结构不合理的另一个突出表现是，传媒集团的收入结构单一，即畸形地严重依靠广告收入。目前，中国传媒业的广告收入占总收入的69%，而节目发行与交流、报纸发行等经营收入仅占总收入的21%，多元化经营只占8%。许多媒体的广告收入占总收入的90%以上，少数甚至达到100%。[①] 在收入结构单一化的传媒市场中，整个国家经济发展状况往往对传媒企业的经营构成风险。广告市场是受经济波动的影响和制约的，经济的不良发展将直接影响广告市场，进而波及单一依靠广告收入的传媒业。而且，经济的下滑导致政府财政拨款的减少或不到位，也会影响传媒企业的经营，从而使单一市场结构的传媒产业陷入艰难的境地。

在中国媒体管理中需要解决的一个重要问题是：如何建立一种有效的激励制度，使得各级代理人的行为尽可能接近最终委托人国家所要求的目标。这就需要学习和借鉴国外媒介管理的先进经验，在媒体内部建立一套激励和约束制度，使得员工的行为尽可能实现媒体和主办单位所确定的目标。2005年由新闻出版总署主办的“第二届中国报业竞争力年会”重要议题之一就是：党委领导与法人治理结构相结合的实现途径。

中国大众传媒业发展方兴未艾，但是总量和结构均不尽如人意，加入WTO使中国的传媒产业面临前所未有的强大国际竞争。当务之急是通过有效的制度安排，建立传媒产业经济的微观基础，尽快提升中国传媒产业的国际竞争力，因而中国的传媒产业研究必须将制度研究和增强国际竞争力置于核心地位。相比之下，重在从内部产权结构、组织结构出发来研究产业组织的新制度学派的产业组织理论，尤其是现代企业理论，以及以培育本国产业的国际竞争力为着眼点的后起国家产业组织理论，更值得中国传媒产业研究和借鉴。

1. **必由之路：行政垄断让位于市场**

行政垄断古来有之，在经济学中，它往往作为市场机制下自由竞争形成的经济垄断的对立面而存在。不同历史时期，行政垄断随着国家体制和经济

① 吴飞．大众传媒经济学．杭州：浙江大学出版社，2003. 125

发展呈现出各类形式。在重商主义下面，以特许权和专利权形式出现的合法垄断是很普遍的。特许权把独有的贸易权授予某一商人或商人团体（例如东印度公司）；有时候，特许权也从国王那里获得大量的补贴。当然，重商主义显然是帝王和商人——资本家的权利联盟。君王依靠商人的经济活动增加其利益，商人则依靠帝王的权威来保护其经济利益。运用政治手段以保证垄断利益是一种寻租的形式，在这里，“租”归结于因垄断的存在而获得的利润。①

行政垄断对社会和市场的破坏是显而易见的，社会财富通过垄断的创造和寻租行为而消失。所以，行政垄断逐渐为自由贸易所代替，自由主义和自由贸易成为可行的选择。在经历了自由放任的经济发展过程以后，市场机制本身的弊端促使政府借助于经济规制的手段，对经济进行干预和调节，作为对市场失灵和市场外部性的救济。

经济发展的历史证明，选择市场经济的国家也离不开政府对经济的规制和干预，市场和政府规制的二元结构成为很多国家的合理选择。政府在运用规制手段于经济的过程中，行政垄断的惯性会以政府规制的形式出现，如特许经营权在世界许多国家普遍存在，而它是一种既不同于政府所有或经营又不同于较为传统的规制形式的选择②（当然，特许经营权对于一个主权国家管理经济时也有合意的时候，对于环境和涉及国计民生的行业往往由国家以特许经营的形式授权某一团体和私营组织来经营）。

在实行计划经济体制的国家，行政垄断是明显的。对于由计划经济向市场经济转轨的国家来讲，由于计划经济的惯性，在过渡时期经济发展中行政垄断仍然会大量存在。“集中是一种世界性的现象，这种现象在任何经济制度下都可能出现，但其范围和格局在各个不同的国家是十分不同的。由私人利益集团促成的集中，以发达国家表现得较为明显，但是，由政府当局造成的集中，则是发达国家和发展中国家的一个共同特性。”③ 而这种形式的集中或垄断形式是最为有害的。参照美国司法部对微软提出的反垄断诉讼案，它更多反映的是微软的行为完全正当，而危及竞争的垄断往往来自政府。政府倚靠设置行业进入的障碍、专营权、配额和关税保护等行政手段建立起来的顽固的垄断，与自由竞争市场中，像微软公司靠产品质量和消费者的钞票投

---

①② ［美］小罗伯特·B. 埃克伦德，罗伯特·F. 赫伯特. 经济理论和方法史. 杨玉生译. 北京：中国人民大学出版社，2001. 38，182

③ 张隆栋，傅显明. 外国新闻事业史简编. 北京：中国人民大学出版社，1988. 207

票建立起来的垄断，是截然不同的。世界经济发展史表明，自然垄断总是很容易被瓦解，而由政府行政干预造成的垄断却是根深蒂固的。所以，微软反垄断诉讼案给我们的启示是，政府的行政垄断是损害市场竞争的最有害的垄断行为，任何选择市场经济体制的国家，要发展经济就必须首先克服行政垄断或行政干预造成的行业垄断，只有行政垄断让位于市场，才能充分发挥市场机制的优势，使经济运行富有效率与活力，社会福利令人合意。

从中国的国情看，应该根据不同类型的行业垄断选择反垄断的办法，而不能一味地强化政府规制。从成因上看，行业垄断主要包括四类：一是经济垄断，指优势企业通过竞争打败市场上所有的竞争者而成为市场的霸主；二是行政垄断，指政府部门凭借行政权力排斥现实的或潜在的竞争者，保护与自己有密切利益关系的企业的利益；三是自然垄断，指由规模经济、范围经济、巨大的沉淀成本、需求完整的网络等因素形成的垄断；四是国家垄断，指对烟草、造币、盐业等对国计民生或国家安全具有重大影响的行业，由国家以国有企业的形式维持垄断经营。对于上述四类行业垄断，反垄断的出发点和办法是有差异的。对于经济垄断，反垄断的出发点应该是促进有效竞争，主要是通过反不当竞争法限制企业的价格歧视、强制性交易、价格同盟等垄断行为；对于行政垄断，出发点应该是划清政府与市场的界限，减少对企业经营的干预，主要是要通过政治体制改革、转变政府职能来逐步打破行政垄断，这是中国现阶段反垄断的重中之重。①

中国传媒行业的行政垄断是显而易见的。在社会这个自组织系统内，政府的职能是对公共领域或公共组织的管理，它既不能像企业那样从事赢利的经济活动，也不能代表某个特定团体的利益。按照现代经济学的解释，政府的基本职能就是组织公共物品的供给。传媒行业毫无疑问是政府应该加以管理的“公共领域”，同时，它又是一个遵循经济发展规律的产业，所以，政府的管理应该“适度”，政府规制和市场之间的界限应该掌握好，凡是市场机制可以调节的，就应该让位于市场，借助传媒行业组织自身能够调节的，政府就不要干预。反之，过多的行政干预势必形成市场进入壁垒或缺乏竞争的垄断市场，行政权力的保护或排斥性政策会造成传媒资源配置和产业结构的不合理。

面对全球传媒市场，特别是美国传媒集团的挑战，中国传媒业当务之急

---

① 王仕军. 反垄断一定要强化政府管制吗？www. jjxj. com. cn

是打破行业垄断，加速中国传媒自由竞争的市场培育，发挥市场的效率，同时，出台反垄断法和科学的市场规制规则。只有发挥市场机制的功能，才能真正实现传媒集团的规模经济，而只有实现传媒的集中化发展才能提高竞争力，使得企业做大做强。相比之下，有些靠行政手段“撮合”而成的传媒集团，是以行政关系为骨架组建起来的，并不能进行有效的整合，各有各的一套班子，其缺乏生机的内容和经营方式大都维持原样；有的传媒合并后的管理层次比过去增多，要层层请示汇报，决策慢、效率低；有的传媒产权关系不明晰，最终导致媒体产品的生产和经营效率低下，投入产出严重失衡。可喜的是，随着传媒集团化的改革，我们在“渐进式”地打破行业垄断，政府在逐渐地从垄断的支持者转变为传媒的规制者。

2. 做大做强：市场培育和资本进入

传媒是一种需要保护和扶持的“公共资源”性质的特殊行业。它生产文化产品、传播信息和理念，往往与一个国家的意识形态、文化传承的多元或萎缩紧密相连，这就决定了它不同于一般行业。在这样一个全球化、数字化、信息化为表征的时代，它是一个国家、政府形象或声音得以传播所必须大力发展的行业。在中国社会主义市场经济体制初步建立的转型期，传媒经济的发展只有在良好的市场机制下，才能得到长足的发展，才有可能发挥传媒应有的职能。在传媒市场培育期，尤其需要维护充满竞争的市场机制。自由竞争的市场机制是传媒集团得以成长和发展的基础，政府的干预和规制所要制约的应该是有损于市场竞争的经济垄断或者破坏市场机制的行政垄断行为，而不是对任何具有垄断力的传媒集团都进行“规制”。

在培育市场或者市场机制不健全的时期，传媒企业在市场和政府规制的二元结构中运行，政府（规制）应该采取“放任”的立场，让位于市场，更多地发挥市场的作用。在这个市场发育的阶段，政府逐步完善、预见性地调整规制政策，通过微观调整来达到宏观控制的规制效果。在传媒企业通过市场竞争机制具备了一定的规模和竞争力的时候，政府的规制才具备真正的意义，而不是在传媒进入市场时就对其严格“规制”，抑制它的发展，甚至将它扼杀。在经济学的产业组织结构的分析中，竞争或垄断程度是判断一个市场结构的基本参数，而根据市场竞争状况是否能有效把握规制的“度”往往可以反映出一个政府对于市场“规制”的优劣。放松规制还是严格规制，客观上是全球市场竞争的结果。当一个国家的某个行业在全球市场上处于强势地位的时候，政府会兼顾竞争主体的多样性和社会效益；而当这个行业面临全球竞争的挑战和压力的时候，政府将关注的是如何争取行业的集中化发展，以规模效益赢得对外竞争的主动权，这时，企业的利润和效益的重要性要胜过政府规制或反垄断法所规范的行为。这从美国政府对微软反垄断法诉讼案和美国在线时代华纳合并案的态度差异上可以看出。美国联邦通讯委员会对传媒集团的富有“弹性”的规制实践证明规制是有效率的。随着世界经济形势和政治环境的变化，根据传媒集团集中化发展和市场状况，联邦通讯委员会在反垄断法维护市场自由竞争机制的大框架内，适时进行“解法”或放松规制，借助具体技术层面的操作对美国的广电传媒市场进行管理。只要具有垄断力的传媒集团没有构成滥用垄断力的行为，整个社会福利是合意的，联邦通讯委员会的规制就是有效率的。

在中国目前的传媒行业中，打破行业的行政垄断、培育市场是发挥传媒市场作用的必要条件，而市场机制有效调节传媒企业竞争的关键是资本进入。传媒业是大投入、大产出的行业，没有资本的投入，传媒集团的集中化发展就无法实现，“做大做强”就是一句空话。传媒集团的集中化发展，一方面要利用国家政策拨款、以国有企业的资本形式融资，同时也可以引进民间资本以及希望进入传媒业的合资企业和外资企业的投入，形成规模经济。其实，中国传媒业正在以“借壳”上市、作为上市公司的合作企业、间接收购上市公司等方式进入资本市场。目前，中国传媒对外融资方式的多元化已获政府支持，这不仅将推动资本市场和传媒的紧密结合，而且会从根本上改变整个传媒业的组织架构、管理结构、运作流程等，对传媒业的后续发展产生深远的影响。

中国加入 WTO 以后，就意味着传媒经济与国际规则的接轨，一切要按国际惯例办事。而市场经济的规律是共性的，竞争和垄断是不可避免的，任何选择市场经济体制的国家都必须正确面对市场规则的挑战。依靠行政保护或排斥，而不是市场机制的竞争发展的传媒集团是缺乏竞争力的。由于传媒行业涉及意识形态和舆论导向，自有其自身的特殊性，中国政府履行加入 WTO 的承诺中，不涉及广播电视、新闻出版行业的出版制作和经营管理领域，没有对广播电视市场的开放准入作出任何承诺。但是，中国传媒市场迟早要对外开放，国际传媒集团的资本、产品、服务和技术正在以各种各样的方式进入中国传媒市场，参与中国市场的竞争。而传媒集团要强大起来，必须开拓国外市场。所以，中国政府应主动地实施传媒集团的集中化发展战略，加入国际竞争的行列中。

新时期，党和政府关于文化体制改革的规划和具体要求为传媒产业的发展创造了良好的政策环境，必将实质性地推动中国传媒市场化或产业化的进程，提升传媒集团的国际竞争力。我们有理由相信，随着中国传媒的市场环境、法律环境的不断完善，在市场机制的主导作用和政府的有效规制之下，中国传媒集团能够做大做强，在激烈的世界传媒竞争中立于不败之地。

参考文献

（一）中文著作类

1. 王晓晔．反垄断法与市场经济．北京：法律出版社，1998

2. 孔祥俊．反垄断法原理．北京：中国法制出版社，2001

3. 张隆栋，傅显明．外国新闻事业史简编．北京：中国人民大学出版社，1999

4. 程曼丽．国际传播教程．北京：北京大学出版社，2005

5. 郑超然，程曼丽，王泰玄．外国新闻传播史．北京：中国人民大学出版社，2000

6. 陈犀禾．当代美国电视．上海：复旦大学出版社，1998

7. 胡正荣．外国传媒集团研究．北京：北京广播学院出版社，2003

8. 唐润华．解密国际传媒集团．广州：南方日报出版社，2003

9. 钟海帆．走进美国广电传媒．广州：南方日报出版社，2003

10. 喻国明．解析传媒变局．广州：南方日报出版社，2002

11. 曾华国．媒体的扩张．广州：南方日报出版社，2004

12. 张国良．20 世纪传播学经典文本．上海：复旦大学出版社，2003

13. 吴飞．大众传媒经济学．杭州：浙江大学出版社，2003

14. 陆扬，王毅．大众文化与传媒．上海：上海三联书店，2000

15. 段克兢，王玮．兼并浪潮与中国对策．北京：世界知识出版社，1999

16. 谢国平．改变世界的搏击．上海：复旦大学出版社，1999

17. 张树义．中国社会结构变迁的法学透视——行政法学背景分析．北

京：中国政法大学出版社，2002

18. 张五常．学术上的老人与海．北京：社会科学文献出版社，2001

19. 李瞻．比较新闻学．台北：台湾政治大学新闻研究所，1973

20. 徐耀魁．西方新闻理论评析．北京：新华出版社，1998

21. 童兵．中西新闻比较论纲．北京：新华出版社，1999

22. 严怡民．信息系统理论与实践．武汉：武汉大学出版社，1999

23. 尹鸿，李彬．全球化与大众传媒：冲突，融合，互动．北京：清华大学出版社，2002

24. 裴延辉．当代西方传媒集团经营管理战略透视．中国人民大学博士学位论文，2002

（二）中文译著类

1. ［美］理查德·A. 波斯纳．反托拉斯法．孙秋宁译．北京：中国政法大学出版社，2003

2. ［美］理查德·A. 波斯纳．法律理论的前沿．武欣，凌斌译．北京：中国政法大学出版社，2003

3. ［美］唐纳德·M. 吉尔摩，杰罗姆·A. 巴龙，托德·F. 西蒙．美国大众传播法：判例评析（上下册）．梁宁等译．北京：清华大学出版社，2002

4. ［美］伯纳德·施瓦茨．美国法律史．王军等译．北京：中国政法大学出版社，1997

5. ［美］威廉·伯纳姆．英美法导论．林利芝译．北京：中国政法大学出版社，2003

6. ［美］理查德·A. 波斯纳．超越法律．苏力译．北京：中国政法大学出版社，2001

7. ［英］史蒂文·拉克斯．尴尬的接近权——网络社会的敏感话题．禹建强，王海译．北京：新华出版社，2004

8. ［美］埃德温·埃默里，迈克尔·埃默里．美国新闻史——报业与政治、经济和社会潮流的关系．苏金虎等译．北京：新华出版社，1982

9. ［美］迈克尔·埃默里，埃德温·埃默里．美国新闻史——大众传播媒介解释史．展江译．北京：新华出版社，2001

10. ［美］罗伯特·福特纳．国际传播．刘利群译．北京：华夏出版社，2000

11. ［美］萨尔坦·科马里. 信息时代的经济学. 姚坤，何卫红译. 南京：江苏人民出版社，2000

12. ［美］戴安娜·克兰. 文化生产：媒体与都市艺术. 赵国新译. 南京：译林出版社，2001

13. ［美］小罗伯特·B. 埃克伦德，罗伯特·F. 赫伯特. 经济理论和方法史. 杨玉生译. 北京：中国人民大学出版社，2001

14. ［美］保罗·A. 萨谬尔森，威廉·D. 诺德豪斯. 经济学（第12版）. 萧琛等译. 北京：中国发展出版社，1992

15. ［美］曼昆. 经济学原理. 梁小民译. 北京：北京大学出版社，1999

16. ［加拿大］文森特·莫斯可. 传媒政治经济学. 胡正荣等译. 北京：华夏出版社，2000

17. ［英］丹尼斯·麦奎尔，［瑞典］斯文·温德尔. 大众传播模式论. 祝建华译. 上海：上海译文出版社，1993

18. ［美］施蒂格勒. 产业组织与政府管制. 潘振民译. 上海：上海三联书店，1989

19. ［美］彼得·G. 伦斯特洛姆. 美国法律辞典. 贺卫方等译. 北京：中国政法大学出版社，1998

20. ［美］斯塔夫里阿诺斯. 全球通史（下册）. 吴象婴等译. 上海：上海社会科学院出版社，1993

（三）英文著作类

1. Phillip Areeda & Louis Kaplow. *Antitrust Analysis-Problems, Texts and Cases*. 5th edition. Beijing：CITIC Publishing House，2003.

2. Renest Gellhorn & William E. Kovacic. *Antitrust Law and Economics*. 4th edition，ST. PAUL，MINN. West Publishing Co.，1994.

3. James A. Brown. *Radio-Television-Cable Management*. 3rd edition. McGraw – Hill Companies，1998.

4. Stephen Lax. *Access Denied in the Information Age*. Lecture in Communications Technology University of Leeds. PALGRAVE，2001.

5. Richard Campbell. *Media and Culture：An Introduction to Mass Communication*，2nd edition，Bedford/St. Martin's，Boston，New York，2003.

6. Bruce Lannes Smith，Harold D. Lasswell & Ralph D. Casey. *Propaganda. Communication and Public Opinion：A Comprehensive Reference Guide*. Princeton U-

niversity Press, 1946.

7. Sammye Johnson & Patricia Prijatel. *The Magazine From Cover to Cover*: *Inside a Dynamic Industry*. Oxford Unviersity Press, 1999.

8. John Tebbel. *The American Magazine*: *A Compact History*. New York: Hawthorn Books, 1969.

9. Roswell S. Britton. *The Chinese Periodical Press* (1800 - 1912). Taipei: Ch'eng-Wen Publishing Company, 1966.

10. James Curran & Jean Seaton. *Power Without Responsibility*: *The Press*, *Broadcasting*, *and New Media in Britain*, 6th edition. Routledge, 2003.

11. Richard J. Barnet & John Cavanagh. *Global Dreams*: *Imperial Corporations and the New World Order*. New York: Simon & Schuster, 1994.

12. Robert W. McChesney. *Telecommunications. Mass Media & Democracy* (1928 -1935). New York: Oxford University Press, 1993.

图书在版编目（CIP）数据

博弈：反垄断与传媒集中/王海著．—广州：暨南大学出版社，2009.6
ISBN 978－7－81135－123－1

Ⅰ．博…　Ⅱ．王…　Ⅲ．传播媒介—研究—美国　Ⅳ．G219.712

中国版本图书馆 CIP 数据核字（2009）第 116936 号

出版发行：暨南大学出版社

地　址：中国广州暨南大学
电　话：总编室（8620）85221601
营销部（8620）85225284　85228291　85220693（邮购）
传　真：（8620）85221583（办公室）　85223774（营销部）
邮　编：510630
网　址：http：//www.jnupress.com　http：//press.jnu.edu.cn

排　版：暨南大学出版社排版设计中心
印　刷：佛山市浩文彩色印刷有限公司

开　本：787mm×960mm　1/16
印　张：11
字　数：210 千
版　次：2009 年 6 月第 1 版
印　次：2009 年 6 月第 1 次

定　价：23.00 元
